もやもやすっきり！

10歳《さい》からの
こころケア

監修

上智大学総合人間科学部心理学科教授

横山恭子

くもん出版

ゆれ動き、つかれがちなこころを整えるセルフケア

こころは、いつも同じ状態《じょうたい》ではありません。
日々のできごとでアップダウンすることも多く、
そのたびに、あなたのこころはつかれてしまいます。
これは大人や子ども、男性《だんせい》、女性《じょせい》関係《かんけい》なく、
だれにでも起きるふつうのことです。

そういったこころを整えるために
「こころケア」を行いましょう。
「こころケア」とは、自分のこころの
違和感《いわかん》を自分で手当して、
また明日も楽しく過《す》ごせるように
セルフケアすることです。

「こころケア」が上手になれば
毎日が楽しくなる！

つかれたこころをセルフケアできると、
元気がほしいときに力を上手に発揮《はっき》したり、
やりたいことがスムーズにできたりします。

また、友だちや家族など、
だれかとの関係《かんけい》になやんだときに、
相手も自分も傷《きず》つけず、大切にしながら、
よい関係《かんけい》を築《きず》けるようになっていきます。

では、もやもややわだかまりを感じたら、
どんな「こころケア」をしたらよいのでしょうか。
自分のこころの状態《じょうたい》や、なりたい自分に適《てき》した
「こころケア」について知っていきましょう。

GO!
GO!

はじめに

毎日の生活のなかで、「こころがもやもやして気持ち悪いな」「うまくいかないな」と感じたことがある人は多いのではないでしょうか。とくに、思春期《ししゅんき》をむかえる10代のみなさんは、自分の思うようにならないと感じることがたくさん出てくる年頃《としごろ》かなと思います。「こうあるべき！　こうありたい！」という思いがあるのに、現実《げんじつ》との差《さ》がありすぎると、もやもやしてしまいますよね。

また、「みんなにくらべると自分はダメなんじゃないか」「みんなにダメなやつと思われているんじゃないか」と周囲《しゅうい》の視線《しせん》が気になったり、「見られているからちゃんとしなきゃ！」とプレッシャーに感じて身動きが取れなくなったりする年代でもあります。これまでそんなに気にならなかったのに、急に気になり始めて学校に行きたくないと思ったりすることもあります。

こういったなやみを、「一気に全部解決《かいけつ》したい！」と感じる気持ちはよくわかります。しかし、残念《ざんねん》ながらそれらを一気に解決《かいけつ》する魔法《まほう》のような方法《ほうほう》はありません。ときには理想と現実《げんじつ》のギャップにガッカリしたり、周《まわ》りを気にして自分に自信《じしん》がもてなかったりすることもあると思います。でも、自分のことを責《せ》めないでください。ダメな部分や失敗《しっぱい》を受け入れることはとても勇気《ゆうき》のいることですが、ありのままの自分を受け入れられるよう、チャレンジしてみませんか？

この本で紹介《しょうかい》している「こころケア」を使うことで、ちょっとずつ考え方が変《か》わったり、ちょっとホッとできたり、「今日の自分は昨日《きのう》の自分よりいいじゃん！」と思えるようになっていきます。ぜひ試《ため》してみてください。

上智大学総合人間科学部心理学科教授
横山 恭子

10歳《さい》からのこころケア
もくじ

PART《パート》 2 マイナスを感じたときのこころケア

ギュッ

苦手なキャラ
ことわらない
いじられ役
いい子

PART《パート》 3 もっとがんばりたい！ プラスのこころケア

PART《パート》 1

「こころ」ってなに？

「こころ」ってなに？

あなたの大切なこころ

コロコロと変化《へんか》するわたしたちのこころ

「あなたは今日、どんな気分で過《す》ごしましたか？」という質問《しつもん》に、「わたしは○○な気持ちです！」と、すぐに答えられる人は少ないかもしれません。なぜなら1日のなかでも、わたしたちのこころはめまぐるしく変化《へんか》するからです。

忘《わす》れ物《もの》をして落ちこんだり、おいしいおやつを食べて気分が上がったり、友だちにどう思われているかと不安《ふあん》になることもありますよね。少し前までハマっていた趣味《しゅみ》への興味《きょうみ》が急になくなった、という人もいるでしょう。

このように、**わたしたちのこころは一定ではありません。**自分の気持ちがわからなくて、もやも

体といっしょにこころも成長《せいちょう》する

やしている人もいるのではないでしょうか。

「思春期《ししゅんき》」は体とこころがあっという間に成長《せいちょう》する

自分の気持ちが安定せず、とまどっているのはあなただけではありません。楽しそうに見える友だちも、じつはだれにも言えないなやみをかかえていることもあるのです。

小学校高学年から高校生くらいの「思春期《ししゅんき》」と呼《よ》ばれる時期は、体とこころが大人へと急激《きゅうげき》に成《せい》長《ちょう》するため、体とこころのバランスがくずれやすい時期です。子どものままでいたいのに体だけが大きくなっている気がして、体の成長《せいちょう》にこころが追いつかなかったり、早く大人になりたいのになかなか体が大人に近づかないとなやんだりする人もいます。

体もこころも、成長《せいちょう》するタイミングやスピードは人それぞれ。自分が自分でないように感じるのも、思春期《ししゅんき》では自然《しぜん》なことなのです。

なやみながら生きる親とはぶつかって当たり前

思春期《ししゅんき》には、「親がウザい」「先生がうるさい」と感じることもあるでしょう。ケンカしたり、ひどいことを言ってしまったりして後悔《こうかい》している人もいるかもしれませんね。しかし、その感情《かんじょう》は、思春期《ししゅんき》ではよくあることです。

　大人はいろんな経《けい》験《けん》をしているから、こころも立派《りっぱ》に成長《せいちょう》していると思うかもしれません。しかし親や先生にとっては、あなたを育てるということは初《はじ》めての経《けい》験《けん》で、子どもから大人へと成長《せいちょう》していくあなたと、あなたを取りまく周囲《しゅうい》への対応《たいおう》にとまどうこともしばしばなのです。また、日々の生活でこころや体がつかれて、感情《かんじょう》がゆれ動いてしまうのも、大人も子どもも同じです。そんな、つかれている者同士《どうし》が家で顔を合わせたら、ぶつかってしまうのはしかたありませんね。

ありのままのこころを受け入れて楽な気持ちに

こころが強くなれば、毎日のもやもやとしたなやみがなくなるのでしょうか。「強いこころ」というと、マイナスな気持ちをはね返すハガネのようなイメージですが、本当はその逆《ぎゃく》です。**さまざまな感情《かんじょう》や気持ちを受け入れてやさしくつつみこむやわらかさが、強いこころ**です。

　なかには「しんどいと感じる自分は弱いやつだ」「もっとつらい人もいるから……」という人もいるかもしれませんね。**マイナスなこころは否《ひ》定せずに、「いまわたしはこんなふうに感じているんだ」と素直《すなお》に受け止めてあげてください。**それだけで、こころが少し楽になります。

　あなたのこころは、あなただけがケアして元気づけてあげられる大切なもの。まずは、ありのままのこころを受け入れることからスタートしましょう。

あなたの大事な友だちや、ペット、ぬいぐるみに話しかけるように、「いつもがんばっているね」とこころに言ってあげましょう。

「こころ」ってなに？

気持ちに名前をつけよう

人がもつ いろいろな気持ち

こころがウキウキして体がいまにも動き出しそうになる、なんとなくイライラする、ふとしたときに悲しくなって涙《なみだ》が出そうになる。そんなとき、あなたはどんな気持ちなのか、すんなりと言葉にするのは難《むずか》しいかもしれません。

気持ちには、いろいろな種類《しゅるい》があります。代表的《だいひょうてき》なものでいうと、うれしい、おだやかなどの「喜《よろこ》び」、テンションが上がらない、涙《なみだ》が出るなどの「悲しみ」、イライラする、腹《はら》が立つなどの「怒《いか》り」、こわい、不安《ふあん》などの「恐《おそ》れ」です。このほかにも**いろいろな気持ちがあり、これらが複雑《ふくざつ》に組み合わさっていることもあります。**

代表的《だいひょうてき》な気持ちの名前

喜《よろこ》び

自分や他人の幸せや、成功《せいこう》などから感じるうれしい気持ち。前向きで、明るい気持ち

嫌悪《けんお》

ひどくにくみ、きらう気持ち。自分をふゆかいな気持ちにさせる物事に関連《かんれん》した感情《かんじょう》

信頼《しんらい》

信《しん》じて、たよりに思う気持ち。好意的《こういてき》で前向きな気持ち

悲しみ

泣《な》きたくなるようなつらい気持ち。後ろ向きで、暗い気持ち

恐《おそ》れ

物事に対して、こわいと思う気持ち。よくないことが起こるかもしれないという心配

期待

望《のぞ》んだ状態《じょうたい》や結果《けっか》を待ちかまえること。実現《じつげん》することを待ち遠しく思う気持ち

おどろき

びっくりすること。予想しなかった事態《じたい》に対して起こる気持ち

怒《いか》り

イライラして、腹《はら》が立つこと。思いどおりにいかないときや、こころを傷《きず》つけられたときに感じる気持ち

自分の「気持ち」を書き出し、整理しよう

自分のいまの気持ちを知ることは、とても大切なことです。うまく**説明《せつめい》できなかった感情《かんじょう》に名前がつくと、安心できたり、自分以外《いがい》の人に自分の状態《じょうたい》をうまく伝《つた》えたりもできます。**

まずは自分がいまどう感じているのか、そう感じている理由を紙やノートに書き出してみましょう。用意するのは、紙やノートでなくても、スマートフォンのアプリなど、使いやすいものでOK。ノートならだれにも見られないような場所に置《お》く、アプリならパスワードを入れないと中身が見られないものを選《えら》ぶなど、あなた以外《いがい》の人の目にふれないように注意してください。

書き出すときのポイントは、「できごと」「いまの気持ち」「そう感じた理由」の3つを分けることです。左のレッスンをお手本に練習してみましょう。毎日、書きこんでもいいですし、思い立ったときに書きこんでもOKです。そうすることで「わたし、うれしかったんだ！」「このもやもやは、怒《いか》りだったのか！」と自分の気持ちに名前がつき、整理され、受け止められるようになります。

気持ちを書き出すことは、怒《いか》りや悲しみの感情《かんじょう》がうまく整理できないときに、より効果《こうか》を発揮《はっき》します。たとえば、大事な試合《しあい》で負けてしまった、ペットが死んでしまったなど、自分ではどうやって気持ちを落ち着かせればいいかわからない場面でやってみてください。気持ちをなにかに書き出し、感情《かんじょう》を自分の「外」に出すことで、やや**「外《そと》側《がわ》」から自分を見ることができます。すると、あなたを苦しめている原因《げんいん》がなになのかがわかってきたり、気持ちが少し軽くなったりするのです。**

感情《かんじょう》をひとつの言葉で言い表すのは難《むずか》しい

気持ちを書き出していくと、いまの自分の感情《かんじょう》をひとつの言葉で表せないと気づくでしょう。感《かん》

書き出そう

こころを整理するレッスン

あなたはお気に入りの本を友だちにおすすめしましたが、「その本こわいから苦手なんだ」とことわられました。

書き方 例《れい》①

できごと

友だちにお気に入りの本をおすすめしたら、「その本こわいから苦手なんだ」と言われた。

いまの気持ち

「え、そうなの！？」ってびっくりした。

そう感じた理由

わたしはおもしろいと思うけど、そう感じる人もいるんだなって予想外だったから。

書き方 例《れい》②

できごと

友だちにお気に入りの本をおすすめしたら、「その本こわいから苦手なんだ」と言われた。

いまの気持ち

ちょっとショック。少しさみしい。悲しいかも。

そう感じた理由

ぼくのすきなものをひていされた感じがしたから。

情《じょう》は、複雑《ふくざつ》にからみ合うこともあるのです。

たとえば、陸上《りくじょう》の大会でライバルに負けたけど自己最高《じこさいこう》タイムを更新《こうしん》したときは、「くやしいけれど、うれしい」と感じるでしょう。友だちと遊んだあとに別《わか》れるときは、「楽しかったけど、さみしい」と思いますよね。また、友だちの成功《せいこう》を喜《よろこ》びたいのに、素直《すなお》に喜《よろこ》べない自分に苦しんでしまうこともあるかもしれません。このように、**いろんな気持ちがからみ合うのは、おかしいことではありません。**

いろんな気持ちが混《ま》ざって生まれる感情《かんじょう》

信頼《しんらい》 ＋ おどろき ＝ **好奇心《こうきしん》**

めずらしいことや知らないことについて、知りたいと思うこと。ポジティブに興味《きょうみ》をもつこと

恐《おそ》れ ＋ 悲しみ ＝ **絶望《ぜつぼう》**

希望《きぼう》を完全《かんぜん》に失《うしな》うこと。ひどく悲しい気持ちになり、これからどうなるのだろうと不安《ふあん》や恐《おそ》れを感じる

喜《よろこ》び ＋ おどろき ＝ **感動**

ある物事にこころを動かされる気持ち。感動は、やる気や前向きな気持ちを起こさせるきっかけにもなる

期待 ＋ 恐《おそ》れ ＝ **心配**

いろいろ考えてなやむこと。未来《みらい》を予《よ》測《そく》し待ち遠しく思ったり、不安《ふあん》になったりする気持ち

嫌悪《けんお》 ＋ 悲しみ ＝ **後悔《こうかい》**

自分のしてしまったことをあとで残念《ざんねん》に思う気持ち。自分のことをイヤに思ってしまうことも

悲しみ ＋ 怒《いか》り ＝ **嫉妬《しっと》**

他人をうらやましく思う気持ち。やきもちを焼《や》いてイライラしたり、自分とくらべて落ちこみ、悲しんだりする

いろいろな気持ちが組み合わさって、さらに複雑《ふくざつ》な感情《かんじょう》が生まれています。

これは10代のみなさんにとっても、大人にとってもふつうのことです。複雑《ふくざつ》な気持ちをかかえていても、いろんな感情《かんじょう》がぐるぐるかけめぐっても、「いろんな気持ちを受け止めようともがく自分は、成長《せいちょう》しようとしているんだな」と考えていいのですよ。

こころの状態《じょうたい》は「体」にも表れる

もうひとつ注目してほしいことは、「体に表れた変化《へんか》」です。じつは、こころと体はしっかりと結《むす》びついています。たとえば、暑い、寒い、熱《ねつ》が出た、ケガをしたなどで体にストレスがかかると、「不快《ふかい》だな」という気持ちにつながりますよね。

その逆《ぎゃく》で、こころのようすが体の状態《じょうたい》として表れることがあります。悲しいときに涙《なみだ》が出る、緊《きん》張《ちょう》しているときに手に汗《あせ》をかくといった経験《けいけん》は、だれにもあるのではないでしょうか。

もちろんうれしいときにも、体に影響《えいきょう》が出ます。人にやさしくされたときに胸《むね》があたたかくなったり、がんばったことをだれかにほめられて体が軽くなったりといったことです。

こころが元気でないときに、体の調子が悪くなるのも、こころと体がつながっている証拠《しょうこ》です。

こころにストレスがかかりすぎると、「おなかが痛《いた》い」「食欲《しょくよく》がなくなる」「思い切り食べたくなる」などの症状《しょうじょう》が出ることがあります。このような体の変化《へんか》は、体の「外」に表れているとはいえ、自分ではなかなか気づきにくいものです。そのため、ノートやアプリに、体の変化《へんか》もあわせて書いておくといいでしょう。

そうしておけば、**「こんなできごとがあったからこころに負担《ふたん》がかかりすぎたのかも」と気づくきっかけになります。**

こころとうまくつき合う方《ほう》法《ほう》

性格《せいかく》を決めるのは遺伝《いでん》＋環境《かんきょう》＋考え方

自分のこころのなかを整理することで、いまの自分の気持ちを知ることができるとお伝《つた》えしました。**気持ちを整理するためには、自分自身の性格《せいかく》を理解《りかい》することも大切**です。

「ありのままの自分」とは、どんな自分でしょうか。たとえば「明るく元気」「責任感《せきにんかん》が強い」「しっかり者」など、自覚《じかく》している性格《せいかく》があるかと思います。

性格《せいかく》のもとになるのは、生まれつき備《そな》わっている性質《せいしつ》です。両親や親戚《しんせき》から受けついでいるものともいえますが、それだけがあなたの性格《せいかく》を決めているわけではありません。

性格《せいかく》は人との関《かか》わりで育っていく

ほめられるなど、いい感情《かんじょう》を寄《よ》せられることが多いと……

しかられるなど、否定《ひてい》されることが多いと……

ただし、これですべての性格《せいかく》が決まるわけではないよ！　自分の受け取り方しだいで、性格《せいかく》への影響《えいきょう》は変《か》えられるんだ

　性格《せいかく》は、家庭や学校、習い事といったあなたの周《まわ》りの環境《かんきょう》と、家族、友だち、先生など、周囲《しゅうい》の人からの影響《えいきょう》によってつくられるといわれています。たとえば「がんばっているね！」と、ほめてくれる人たちに囲《かこ》まれて育つと、「もっとがんばろう！」と向上心が生まれ、性格《せいかく》のよい部分が引き出されます。しかし、「がんばるのはカッコ悪い」「勉強するのはダサい」という考えの人に囲《かこ》まれて育つと、向上心がなくなってしまいます。

　ただし、他人のせいであなたの性格《せいかく》がすべて決まってしまうということではありません。**相手の態度《たいど》をどう受け取るかによって、性格《せいかく》にあたえる影響《えいきょう》を変《か》える**ことができます。たとえば、「テストの点がいつも悪い！　ダメな子だ」としかられてばかりいると、勉強すべてがイヤになり、勉強する意欲《いよく》もわいてきません。そうなると、勉強に対して自信《じしん》がなくなってしまいます。しかし、しかられたときにおとなしく受け入れるのではなく、「テストでいい点取れるようにがんばるね」と素《す》直《なお》な態度《たいど》に変《か》えてみたり、「勉強の仕方が悪いのかもしれない。教えてくれない？」と提案《ていあん》してみたりすると、あなたの性格《せいかく》への影響《えいきょう》の仕方が少しずつ変《か》えられるはずです。

いろんな性格《せいかく》の自分がいるのは当たり前

　自分自身や周《まわ》りの人たちの多くが、あなたの性《せい》格《かく》を「明るく元気な人」、または「しっかり者」と考えていても、そうでない部分もたくさんあるはずです。孤独《こどく》な時間を楽しむのも悪くないなと思っていたり、家ではダラダラ過《す》ごしていたり、あなたや周《まわ》りの人が思う性格《せいかく》とはまったく逆《ぎゃく》の面があるという人もいるでしょう。

　明るく元気な人、しっかり者という性格《せいかく》は、あなたのなかで目立つ部分を取り上げているだけなのです。**ひとりの人間でも、性格《せいかく》にいろんな面があるのは不思議《ふしぎ》なことではない**んですよ。

　相手や状況《じょうきょう》によって性格《せいかく》が変《か》わるのも、よくあ

ひとりの性格《せいかく》にも、いろんな面がある

いろんな自分がいるのがふつうのこと！
「自分はおかしいのかも」「ヘンだ！」と
否定《ひてい》せず受け入れてあげてね

ることです。「友だちといっしょにいるときはしっかりキャラ」「家族にはわがままを言える、あまえ上手」「ふだんは自分の意見が言えるのに、グループLINE《ライン》では発言をひかえてしまう」というように、いろんな「自分」がいるのも、めずらしいことではありません。むしろ、周《まわ》りの状況《じょうきょう》をよく見ていて、その場にふさわしいふるまいができているということです。

いろんな自分がいることに気づき、とまどってしまうことがあるかもしれません。しかしこれは、あなたのこころがすくすく育っている証拠《しょうこ》。**いろいろな自分の性格《せいかく》を受け入れてあげることが、自分のこころとうまくつき合うためのコツ**です。

10代は自分探《さが》しの旅の途中《とちゅう》

10代のあなたは、いろんな性格《せいかく》の自分に変身《へんしん》しながら、可能性《かのうせい》を広げている時期だといえます。自分はなにが好《す》きできらいなのか、なにが得意《とくい》で苦手なのか、まだわからないという人も少なくありません。

ですから、**友だちはカッコ悪いと思っているようだけれど自分はやってみたいことや、自分らしくないかもしれないと迷《まよ》っていることなど、いろんなことにどんどん挑戦《ちょうせん》してみましょう。**興味《きょうみ》をもったということは、こころが動かされたということです。あなたのこころを大切にできるのは、あなただけ。これを忘《わす》れないでくださいね。

だれかに知られるのがはずかしければ、自分だけのヒミツにしておきましょう。家族や友だちにかくしごとをしているようで、後ろめたい気持ちになるかもしれません。

しかしこれは、あなたが大切にしているものや、あなたの気持ちを守るために必要《ひつよう》なことです。けっして悪いことではありません。

「ゆずれない気持ち」も大切にしよう

あなたがふだん生活しているなかで、友だちや家族、先生の意見に賛成《さんせい》できない場面に出くわすことがあると思います。その場合、「ちがう方法《ほうほう》がいいと思う」と自分の意見を言えたらいいのですが、言えない状況《じょうきょう》になることも多いのではないでしょうか。

そのときにしてほしいことは、まず**他人の気持ちを「そういう考え方があるのか」と受け入れる**こと。そして、もし**反対意見を伝《つた》えられなかったとしても、「自分はちがう意見をもっている」というあなたの気持ちも受け入れる**ことです。

他人と自分はちがう存在《そんざい》で、おたがいが、それぞれゆずれないと感じるものをもっているということをわかっていると、あなたの「ゆずれない気持ち」を大切にすることができます。また、おたがいの気持ちを受け入れることで、人間関係《かんけい》がうまくいきやすくなります。あなたが、好《す》きなものや興味《きょうみ》をもっているものを大切にするのと同じくらい、ゆずれない気持ちも大切にしてあげてください。

おたがいの気持ちを受け入れる

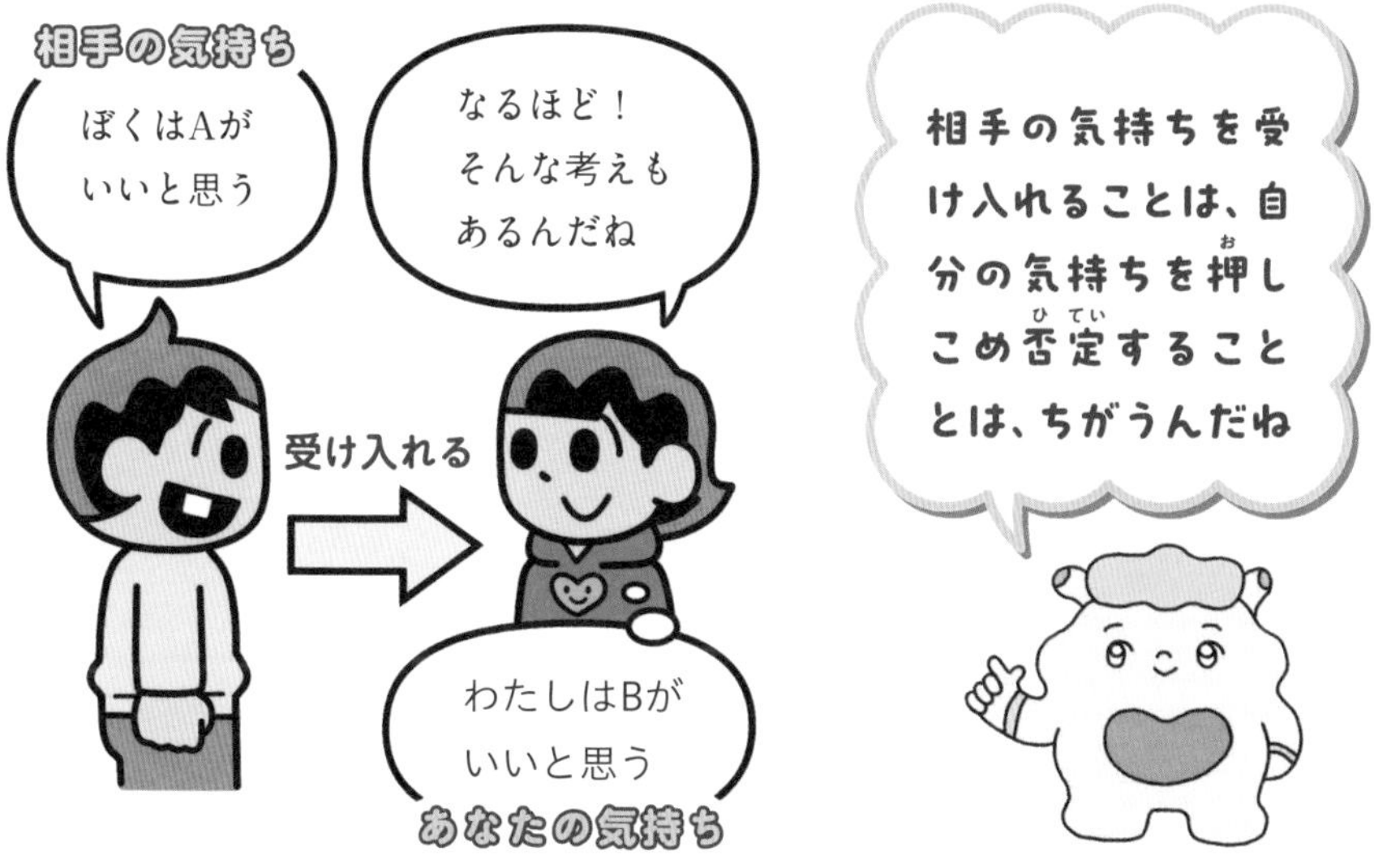
相手の気持ち
ぼくはAがいいと思う
なるほど！そんな考えもあるんだね
受け入れる
わたしはBがいいと思う
あなたの気持ち
相手の気持ちを受け入れることは、自分の気持ちを押《お》しこめ否定《ひてい》することとは、ちがうんだね

「こころ」ってなに？

こころを守るセルフケア

ストレスには、いいものと悪いものがある

自分にとってよくないことが起きて、こころがしんどいと感じる状態《じょうたい》を「ストレスがかかっている」ということがあります。そのため、「ストレスは悪いものだ」というイメージをもっている人もいるかもしれません。

しかし、ストレスには悪いものだけでなく、よいものもあります。たとえば、「テストでいい点数を取ろう」と前向きな気持ちで勉強するのは、「よいストレス」がかかっている状態《じょうたい》です。また、プロのスポーツ選手《せんしゅ》は「よし！　勝つぞ」というような言葉で試合《しあい》のときの気分を盛《も》り上げ、こころを戦闘《せんとう》モードにします。このように**よいストレ**

スをうまく使って、力を思い切り出せるようコントロールしているのです。目標《もくひょう》というよいストレスがあるからこそ、勉強や練習がはかどるという場合もあります。

しかし、「がんばらなきゃ」「絶対《ぜったい》に成功《せいこう》しなきゃ」という気持ちが大きすぎると、強いストレスがかかります。**緊張《きんちょう》しすぎて心臓《しんぞう》のドキドキが止まらない、ごはんが食べられなくなるといった状《じょう》態《たい》になる**こともあるでしょう。これが、**「よくないストレス」がかかっている状態《じょうたい》**です。

自分に合ったストレスケアを見つけよう

テストや試合《しあい》のときだけでなく、ふだんの生活でも不安《ふあん》になったり、緊張《きんちょう》したりすることがあると思います。たとえば、友だちとの仲《なか》がうまくいかないと、学校でどうふるまっていいのかわからなくなりますよね。また、がんばっていることを家族が認《みと》めてくれない、もしくは「やめたい」と

挑戦《ちょうせん》するぞ！
いいストレス
いい点
取らなきゃ
悪いストレス

ストレスチェック表

自分でも気づかないうちに、ストレスがたまり、体調が悪くなることもあります。下の項目《こうもく》で、自分に当てはまるものがいくつあるか、数えてみましょう。

□最近《さいきん》、ぼんやりしていることが多い
□自分の趣味《しゅみ》（マンガやゲーム、スポーツなど）をしていても楽しくない
□ごはんやおやつを食べてもおいしく感じない
□ちょっとしたことでイライラしてしまう
□周《まわ》りの人が自分のウワサをしている気がして、気になってしまう
□理由もないのに不安《ふあん》に感じるときがある
□朝起きたとき、体がだるい

当てはまった項目《こうもく》が多ければ多いほど、ストレスがたまっている状態《じょうたい》かも。自分の好《す》きなことや興味《きょうみ》があることに夢中《むちゅう》になる時間をつくって、ストレスを解消《かいしょう》しましょう。

書き出そう

こころのお助けメニュー

・友だちとゲームで遊ぶ
・マンガを読む
・いっぱいねむる
・あまいものを食べる
・ゆっくりおふろに入る

★自分の好《す》きなものを思いついたら、いつでも書き出しておこう

サイコロの目に、お助けメニューから「とくに好《す》きなもの」を書き出して、出た目のものをやってみるというのも、楽しくておすすめだよ！

思っている気持ちをだれも理解《りかい》してくれないときは、「自分はこのままでいいのかな」と、不安《ふあん》に感じることもあるでしょう。

よくないストレスをかかえないようにするには、その原因《げんいん》を取りのぞくのが一番です。しかし、なかなかうまくいかないこともありますよね。

また、イライラの原因《げんいん》を「イヤなできごとがあったから」と、一言で言えないこともあるでしょう。小さなストレスが積《つ》み重なり、大きくなって、あなたをチクチクと苦しめている場合もあると思います。

ストレスを上手にコントロールするには、こころを休ませる時間が大切です。自分の好《す》きなもの、興味《きょうみ》があることなど、少しの間、イヤなことを忘《わす》れられるようなものに時間を使うのがいいですね。たとえばお笑《わら》い動画を見る、軽くランニングする、絵を描《か》くなど、どんなことでもかまいません。あなたの「こころのお助けメニュー」と考えて、いくつかリストアップしておくのもいいですね。

「しんどい」「つらい」感情《かんじょう》を受け入れてあげる

ストレスに関係《かんけい》なく日常《にちじょう》生活のなかで「しんどい」「つらい」と感じる場面はだれにでもあります。それらの感情《かんじょう》のなかには「今日は学校に行く気が起きない」「なんだかやる気が出ない、だるい」というようなものもあるでしょう。その感情《かんじょう》に対し、「自分がなまけ者なだけかも」「こんなふうに思う自分はダメなやつ」と思ってしまうかもしれませんが、**自分の気持ちにフタをする必要《ひつよう》はありません。どんな小さなもやもやも受け入れてあげてくださいね。**

「しんどい」「つらい」と感じたときは、だれかに話を聞いてもらったり、おいしいものを食べたりして気分転換《てんかん》をするのもいいですが、自分で自分をはげましてあげる、助けてあげることができればいいですよね。それができるのが、いまから説明《せつめい》する3つのセルフケアです。

セルフケア1 「いい」「悪い」で判断《はんだん》しないマインドフルネス

ストレスケアのひとつに、**呼吸《こきゅう》に集中しながらこころと体の感覚《かんかく》を整えるマインドフルネスという方法《ほうほう》があります。**わたしたちは物事や感情《かんじょう》について、「これはいいこと、悪いこと」「この考えは正しい、まちがい」というように、価値《かち》をつけて判断《はんだん》してしまいがちです。しかし、マインドフルネスを使うと、**物事や感情《かんじょう》に価値《かち》をつけず、ありのままを受け入れられるようになります。そして、よけいな考えにコントロールされることがなくなり、日々のストレスやもやもやが減《へ》っていきます。**

いそがしい毎日を送っていると「自分の気持ちに向き合うよゆうがない」という人は多いでしょう。しかし、**うれしいこともイヤだと感じることもすべて受け入れられれば、自分の気持ちを後回しにしたり、自分を傷《きず》つけたりすることがなくなっていきます。**

セルフケア2 物事を見る角度を変《か》えてポジティブに受け取ろう

たとえばリレーで負けたときに、「くやしい！」と思う人もいれば、「今度はこうくふうしよう」と考える人もいます。または、「しょうがないな」とあまり気にしない人もいるでしょう。このように同じできごとも、感じ方は人それぞれです。感じ方がちがうということは、**つらい、しんどいと感じる基準《きじゅん》や、物事を見る角度が、他人とあなたでちがう**ということです。

いつもと物事を見る角度を変《か》えてみると、物事に対してよい受け取り方ができるようになります。そして、しんどいときにもポジティブに先を考えられるようになるのです。たとえば、テストの1週間前に「あと1週間しかない」と考えると、あせってしまいますよね。しかし、見方を変《か》えると「まだ1週間もある」とよゆうが生まれて、勉強にじっくり取り組めるでしょう。

1《セルフケア》 マインドフルネスの練習をしよう！

「いい」「悪い」、「正しい」「まちがい」という考えはいったん置《お》いておいて、「いまの自分」と向き合ってみましょう。そうすると、もやもやが晴れて、すっきりしてきます。

ふだんのこころの状態《じょうたい》

過去《かこ》を思い出して落ちこんだり、未来《みらい》に向かってワクワクしたり、不安《ふあん》になったりして、いまこの瞬間《しゅんかん》を素直《すなお》に感じ取れない状態《じょうたい》

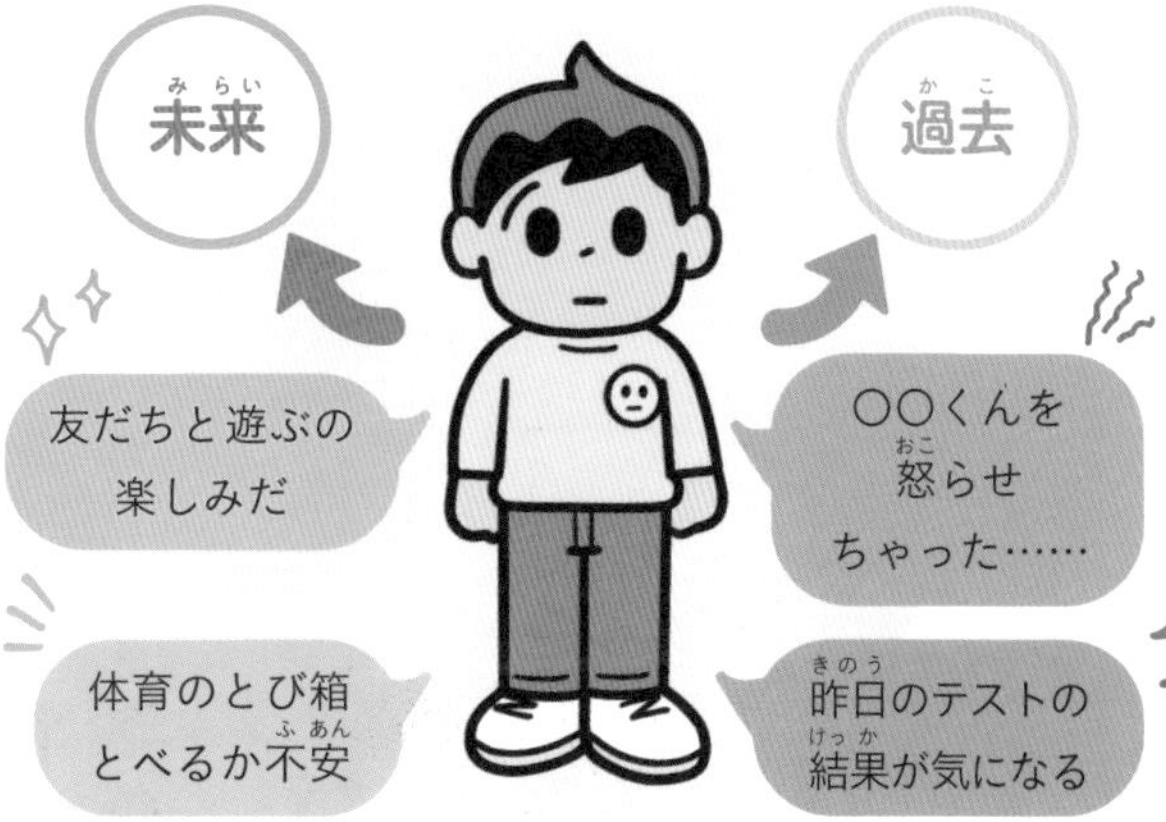
未来《みらい》
過去《かこ》
友だちと遊ぶの楽しみだ
〇〇くんを怒《おこ》らせちゃった……
体育のとび箱とべるか不安《ふあん》
昨日《きのう》のテストの結果《けっか》が気になる

やり方

背筋《せすじ》を伸《の》ばして座《すわ》り、目を閉《と》じて、ゆっくり５回深《しん》呼吸《こきゅう》する

POINT《ポイント》

空気が出入りする鼻や、おなかの動きに注目しよう。「空気を吸《す》うと鼻のなかが冷《つめ》たい」「おなかがふくらむ」など、空気が体に入る感覚《かんかく》を感じよう。

考えや感情《かんじょう》
いろいろな感覚《かんかく》
・友だちと遊ぶのが楽しみ
・テストの結果《けっか》が気になる
・とび箱をとべるか不安《ふあん》
・この息の仕方であってるかな？
・体がムズムズする
・なにか音が聞こえてくる
一度受け入れて外へ。また呼吸《こきゅう》のことだけを考える

セルフケア ② 物事をポジティブに受け取る練習をしよう！

物事をポジティブに変換《へんかん》し、受け取れるようになっておくと、あなたのこころは元気に、強くなっていきます。毎日の生活のいろんな場面でチャレンジしてみましょう。

物事の見方を変《か》えてみよう

大好《だいす》きなショートケーキをひとつもらったあなた。
それを半分食べたとき、どんなふうに考えますか？

Ⓐのように考えた人は、物事を悪いほうに考えがちかもしれません。Ⓑのように考えられれば、同じ物事でもよいほうに受け取れるようになります。

言いかえの例《れい》

右は短所を長所に言いかえた一例《いちれい》です。このように、物事の見方を変《か》える練習をしてみましょう。

・おこりっぽい
↳情熱的《じょうねつてき》
・がんこ
↳自分の意思がある
・負けずぎらい
↳あきらめない
・あきっぽい
↳好奇心《こうきしん》がある
・うるさい
↳明るい、元気がいい
・あわてんぼう
↳行動的《こうどうてき》

物事をポジティブに受け取るクセをつけておくと、**苦手だったもののよさがわかるようになります**。また、物事の見方を変《か》えて、短所として見えているものを、長所として見直すことを続《つづ》けていると、**自分にはよいところがたくさんあると気づけたり、「理想の自分に近づいている」と自信《じしん》がもてたりする**はずです。自分だけでなく、周《まわ》りの人のよいところを見つけるのもうまくなります。

この方法《ほうほう》を試《ため》してみて、自分のことを好《す》きになることができれば大成功《だいせいこう》！　たとえ問題に直面したとしても、「これくらいでは動じない」「イヤなことがあっても、わたしはわたしのままでいいんだ」と、**だれともくらべることなく、自分を中心にして考えられるようになる**はずですよ。

セルフケア ③ 人間関係《かんけい》がうまくいく 自分も相手も思いやろう

日常《にちじょう》生活のもやもやの原因《げんいん》には、友だちや家族など、自分以外《いがい》の人とのなやみも多いのではないでしょうか。たとえば友だちに、苦手なホラー映《えい》画《が》にさそわれたとします。そのときに「その映画《えいが》こわいから見たくない」とはっきりことわれる人もいれば、「ことわると悲しませるかも」「もうさそってくれなくなるかも」と考え、ことわれずもやもやしてしまう人もいるかもしれませんね。

自分の意見や感情《かんじょう》を押《お》しこめて相手を尊重《そんちょう》してばかりいると、あなたはいい気持ちではないでしょう。そして、最初《さいしょ》はよくても、いつかはしんどくなってしまいます。とはいえ、自分の意見を主《しゅ》張《ちょう》しすぎたり、相手を感情的《かんじょうてき》に否定《ひてい》したりしてしまうと、わがままな人、イヤな人になってしまって、ケンカになってしまいます。

人間関係《かんけい》でのもやもやを解消《かいしょう》するには、自分と相手、両方を大切にする必要《ひつよう》があります。**どちらかが一方的《いっぽうてき》に意見を言ったり、相手を否定《ひてい》したりするのではなく、相手に思いやりをもって自分を表現《ひょうげん》することがポイント**です。

たとえば友だちに遊びにさそわれてことわりた

セルフケア ③ 自分も相手も思いやる練習をしよう！

次は、コミュニケーションの例《れい》です。あなたはどのパターンに当てはまりますか？
BAD を **GOOD!** にできるよう、友だちと話すときに意識《いしき》してみましょう。

BAD

自分の意見はしっかり言えるけど、相手への思いやりが足りていない（攻撃的《こうげきてき》）状態《じょうたい》

相手
自分
自分優先《ゆうせん》

BAD

相手のことは思いやり、気づかえるけど、自分の意見は言えない状態《じょうたい》

相手
自分
相手優先《ゆうせん》

GOOD!

自分の意見を言いつつ、相手のことも思いやり、バランスが取れた状態《じょうたい》

相手
自分
バランスがいい

いときは、「さそってくれてありがとう。でも、こわい映画《えいが》は苦手だから、今回はやめておくね。またさそって」と自分の気持ちを伝《つた》えてみましょう。「あしたはムリ」とだけ伝《つた》えてしまうと、相手も「せっかくさそったのに……」と感じるかもしれません。また、「こわい映画《えいが》はきらい」と言ってしまうと、自分の好《す》きなものを否定《ひてい》されたように感じて、イヤな気分になってしまうかも。でも、なぜ行けないかの理由を伝《つた》えれば、相手はあなたが遊べないことに素直《すなお》に納得《なっとく》できるはずです。

さらに、さそってくれたことはうれしかったということや、またさそってほしいという気持ちを伝《つた》えることもポイントです。

楽しみながら毎日続《つづ》けてみよう

このように**あなたの受け取り方や対応《たいおう》で、「しんどい」「つらい」からこころを守ることができます。**この本ではこういったセルフケアをたくさん紹介《しょうかい》していますので、ぜひ日常《にちじょう》生活で試《ため》してみてくださいね。そして、何度もくり返して習慣《しゅうかん》として身につけることが大切です。

ただし、ハードルは高くしすぎないこと。自分なりにセルフケアを試《ため》してみて、うまくいかないこともあるはずです。でも、あまり気を落とさなくて大丈夫《だいじょうぶ》。まずチャレンジした自分をほめてあげましょう。**自分で自分をほめたり、はげましたりしながら、ムリせず楽しんでチャレンジする**のが、続《つづ》けるコツです。

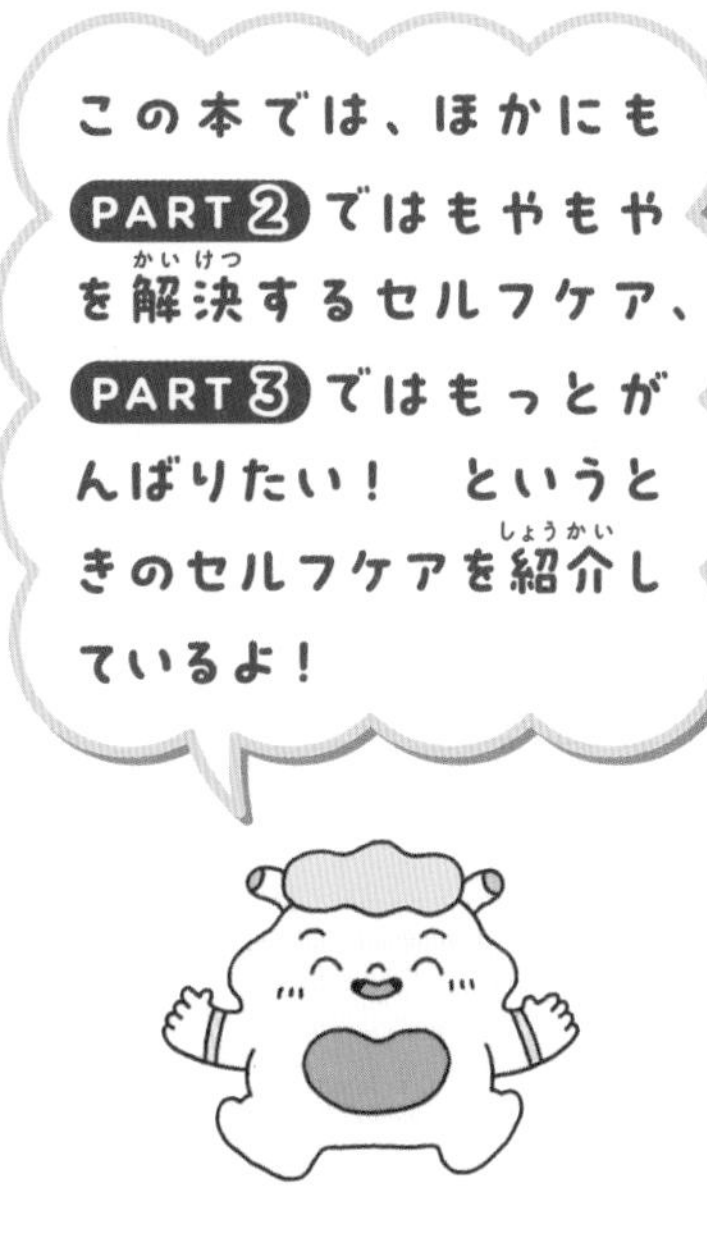
この本では、ほかにもPART 2ではもやもやを解決《かいけつ》するセルフケア、PART 3ではもっとがんばりたい！　というときのセルフケアを紹介《しょうかい》しているよ！

「こころ」ってなに？

こころと脳《のう》の関《かん》係《けい》

人の「こころ」は脳《のう》でつくられる

こころのようすは目に見えませんが、怒《おこ》られたときは心臓《しんぞう》がドキドキし、動きが速くなります。逆《ぎゃく》に、安心しているときには、心臓《しんぞう》の動きはゆっくりになります。そのため、「こころは胸《むね》のなかにある」「こころ＝心臓《しんぞう》」と考える人もいるでしょう。

しかし、感情《かんじょう》が生まれる場所は、じつは脳《のう》にあるのです。**大脳《だいのう》の内側《うちがわ》にある「大脳辺縁系《だいのうへんえんけい》」で、喜怒哀楽《きどあいらく》のような基本的《きほんてき》な感情《かんじょう》が生まれます。**それより外側《そとがわ》には、大脳《だいのう》の表面をおおっている「大《だい》脳皮質《のうひしつ》」があります。そのなかの**「前頭葉《ぜんとうよう》」では、大脳辺縁系《だいのうへんえんけい》で生まれた喜怒哀楽《きどあいらく》の感情《かんじょう》をコントロ**

感情《かんじょう》が生まれるのはここ！

間脳《かんのう》

脳幹《のうかん》の一部である中脳《ちゅうのう》と大脳《だいのう》の中間にある器官《きかん》で、心臓《しんぞう》や胃《い》などの内臓《ないぞう》をコントロールする部分。なにか起こったときは、前頭葉《ぜんとうよう》が反《はん》応《のう》し、近くにある間脳《かんのう》に影響《えいきょう》をあたえます。そして、神経《しんけい》などを通って、体に反応《はんのう》が現《あらわ》れます。

大脳皮質《だいのうひしつ》

大脳《だいのう》の表面をおおっている。脳《のう》のなかでもっとも進化しているとされ、大脳皮質《だいのうひしつ》のなかの前頭葉《ぜんとうよう》は感情《かんじょう》をコントロールする役目をもち、複雑《ふくざつ》な感情《かんじょう》が生まれる場所ともされています。

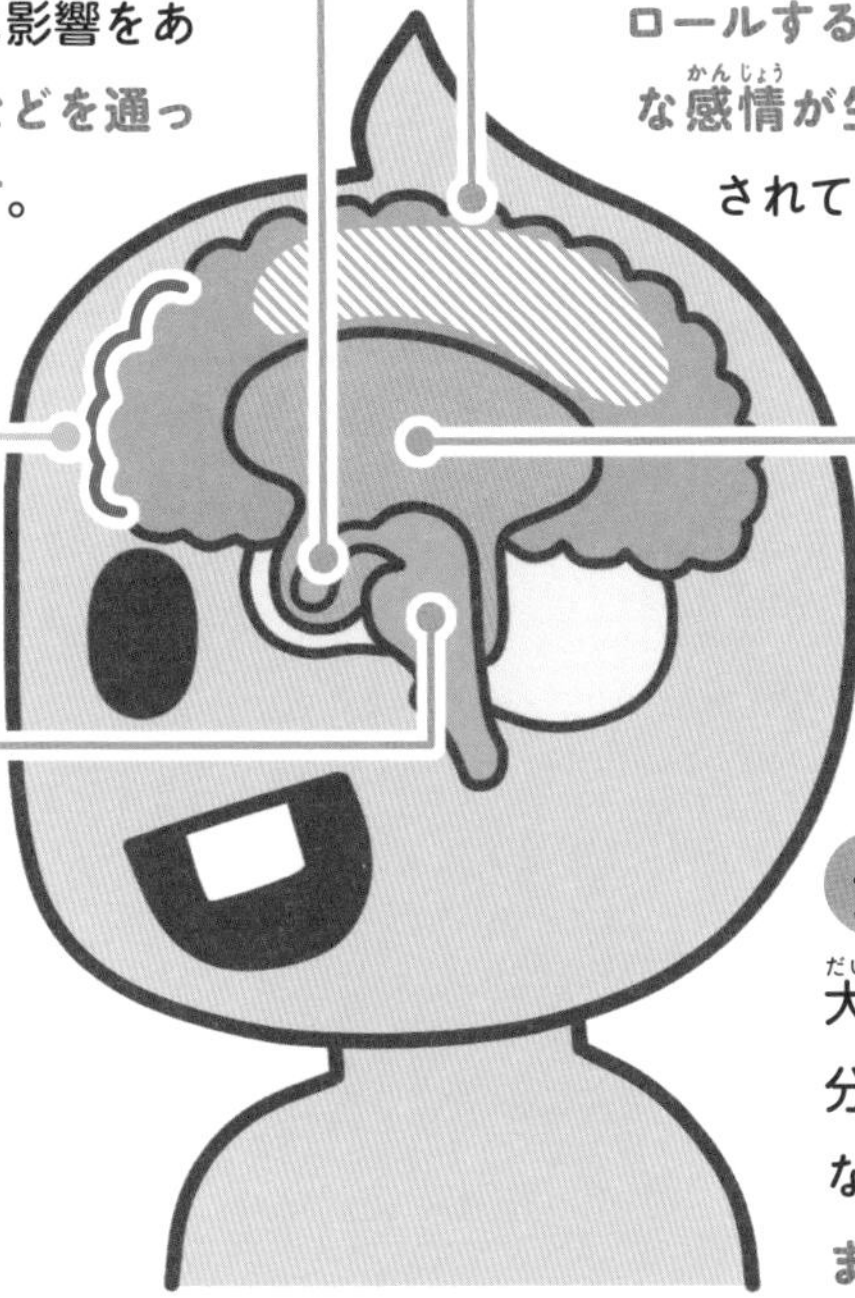

前頭葉《ぜんとうよう》

脳幹《のうかん》

大脳《だいのう》と小脳《しょうのう》の間にある器官《きかん》。体の働《はたら》きを調整したり、感情《かんじょう》のもとになる100種類以上《しゅるいいじょう》もの「ホルモン」を生み出したりしています。

大脳辺縁系《だいのうへんえんけい》

大脳《だいのう》の内側《うちがわ》にある部分。喜怒哀楽《きどあいらく》のような基本的《きほんてき》な感情《かんじょう》が生まれる場所です。

おどろいたときに心臓《しんぞう》がドキドキしたり、はずかしいときに顔が赤くなったりするのも、脳《のう》の働《はたら》きと体が関係《かんけい》しているからなんだよ！

ールしています。「イラッとしても八つ当たりせずがまんする」「こわい体験《たいけん》をしてもパニックにならず、冷静《れいせい》でいられる」というのは、前頭葉《ぜんとうよう》の働《はたら》きによるものです。

感情《かんじょう》のもとは脳《のう》でつくられる「ホルモン」

大脳《だいのう》と小脳《しょうのう》の間にある**「脳幹《のうかん》」は、生きるために体の働《はたら》きをコントロールする場所**です。体温調《ちょう》節《せつ》や内臓《ないぞう》の働《はたら》きに関係《かんけい》する「自律神経《じりつしんけい》」を調整したり、体の働《はたら》きを調整する100種類《しゅるい》以上《いじょう》もの「ホルモン」を生み出したりしています。

人間の感情《かんじょう》は、ここでつくられるホルモンによって決まる場合も多くあります。たとえば、安心できる人とハグすると「オキシトシン」というホルモンがたくさんつくられて、幸せな気持ちになります。また、スポーツの試合《しあい》のときなどに生まれる「アドレナリン」は、「やるぞ！」という感《かん》情《じょう》を生み出します。アドレナリンは筋肉《きんにく》にエネルギーをたくさん送るので、いつも以上《いじょう》の力を出せることもあります。

しかしこのホルモンは、よい影響《えいきょう》をあたえるだけではありません。試合《しあい》の前にアドレナリンが出すぎると、緊張《きんちょう》しすぎて体がカチコチになり、思うように動けなくなるということもあります。

ホルモンは、多すぎても少なすぎても、こころや体によくないといわれています。**必要《ひつよう》なときに必要《ひつよう》な量《りょう》のホルモンがつくられることで、こころと体はちょうどいいバランスを取っている**のです。

こころの病気になるのはその人が弱いからじゃない

ホルモンの量《りょう》が多すぎたり少なすぎたりすると、うつ病や統合失調症《とうごうしっちょうしょう》などの「こころの病気」を引き起こす可能性《かのうせい》があります。こころの病気はとても複雑《ふくざつ》です。脳《のう》の働《はたら》きに変化《へんか》が起こったから、ストレスがたまりすぎたから、こころが傷《きず》つくできごとがあったからなど、いろいろな原因《げんいん》が考えられますが、本当にそれらが理由なのか、はっきりしたことはわかっていません。

覚《おぼ》えておいてほしいのは、「だれでもこころの病気になる可能性《かのうせい》がある」ということと、「こころの病気になるのは、その人が弱いからではない」ということです。もし**あなたがこころの病気になったとしても、自分を責《せ》める必要《ひつよう》はありません。また、友だちがそうなった場合には、やさしく見守ってあげてくださいね。**

ひとりでかかえこまないことも大切です。家族や友だち、スクールカウンセラー、専門《せんもん》のお医者さんなど、信頼《しんらい》できる人に相談してみてください。

♥つらいな、苦しいなと感じたら……
ひとりでなやまず電話してみよう。
こころSOS《エスオーエス》ホットライン　173ページ

こころの病気の例《れい》

うつ病

1日中気分が落ちこむ、なにをしても楽しくないなどの精神《せいしん》状態《じょうたい》や、食欲《しょくよく》がない、ねむれないなどの身体状態《じょうたい》になり、日常《にちじょう》生活に大きな支障《ししょう》が出る。

統合失調症《とうごうしっちょうしょう》

幻覚《げんかく》や妄想《もうそう》、意欲低下《いよくていか》、感情《かんじょう》が出にくいなどの精神状態《せいしんじょうたい》が出る。

摂食障害《せっしょくしょうがい》

食事に関《かん》する異常《いじょう》行動が現《あらわ》れ、食べすぎたり、食べられなくなったりする。

パニック障害《しょうがい》

突然《とつぜん》理由もなく、とても強烈《きょうれつ》な不安《ふあん》や恐怖《きょうふ》、苦痛《くつう》などが現《あらわ》れ、めまい、発汗《はっかん》などの発作《ほっさ》が出る。

PTSD《ピーティーエスディー》

トラウマの記憶《きおく》を思い出したり夢《ゆめ》に見たりすることが続《つづ》き、日常《にちじょう》生活に支障《ししょう》が出ること。

★こういった症状《しょうじょう》が単発ではなく続《つづ》いたり、日常《にちじょう》生活に支障《ししょう》が出たりすると病気になります

重要《じゅうよう》なのは 栄養《えいよう》バランスと毎朝の朝食！

ストレスやこころの病気には、睡眠不足《すいみんぶそく》や人間関《かん》係《けい》、学校や家庭といった環境《かんきょう》など、さまざまな要素《ようそ》がからんでいます。近年の研究では、食生活や栄養《えいよう》素《そ》も、こころに影響《えいきょう》をあたえるとされています。

たとえば、幸せな気持ちをつくるホルモン「セロトニン」は、タンパク質《しつ》からつくられます。魚に多く含《ふく》まれるＥＰＡ《イーピーエー》（エイコサペンタエン酸《さん》）とＤＨ《ディーエイチ》Ａ《エー》（ドコサヘキサエン酸《さん》）が不足《ふそく》すると、うつ病の発症《はっしょう》が多くなるというデータもあります。

10代のみなさんにとってとくに大切なのは、１日を元気に過《す》ごすエネルギー源《げん》となる朝食をしっかりとること。脳《のう》を目《め》覚《ざ》めさせる効果《こうか》もあります。ごはんやパンといった炭水化物だけでは、脳《のう》の働《はたら》きが不安定《ふあんてい》になるので、納豆《なっとう》や卵《たまご》、ヨーグルトなどのタンパク質《しつ》もいっしょにとると、脳《のう》にいいエネルギーが補給《ほきゅう》されます。

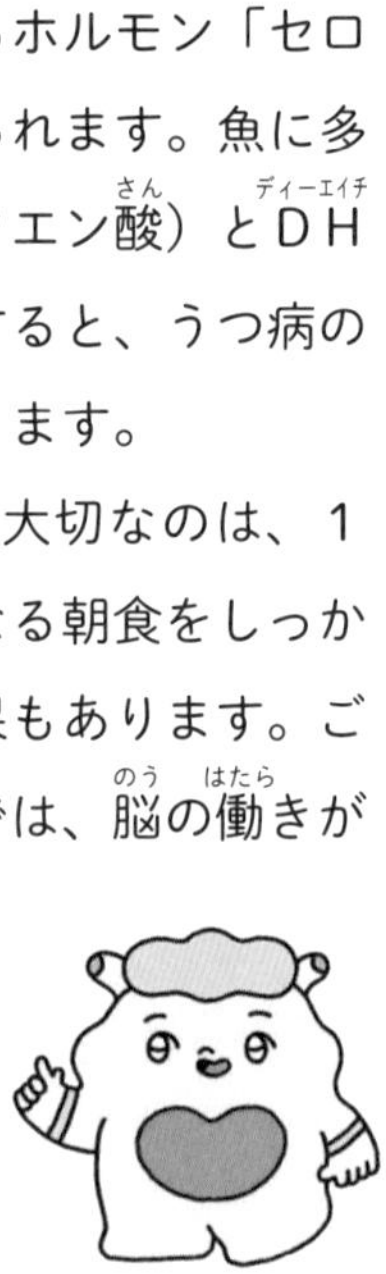

PART《パート》 2

マイナスを感じたときのこころケア

マイナスな気持ちは悪いものじゃない

失敗《しっぱい》して落ちこんだり、友だちとケンカしてイライラしたり、緊《きん》張《ちょう》してこわくなったり……。いろいろな場面で、マイナスな気持ちになることがあると思います。

「こんな気持ち、なければいいのに」と思うかもしれませんが、じつはマイナスな気持ちは悪いものではないのです。マイナスな気持ちに対するとらえ方や考え方を少し変《か》えることで、みなさんの成長《せいちょう》につながったり、次の目標《もくひょう》を見つける手がかりになったりします。かけがえのない感情《かんじょう》のひとつとして、大事に思えるといいですね。

「消す」のではなく うまくつき合えると◎

マイナスな気持ちも大事な感情《かんじょう》のひとつです。悲しいときにしっかり悲しめずにいると、こころがつかれてしまいます。悲しみやイライラを「なかったこと」にして消してしまうのではなくて、周《まわ》りの人を傷《きず》つけない方法《ほうほう》でしっかりと表現《ひょうげん》し、きちんと消化することが大切です。

この章では、いろいろなマイナス感情《かんじょう》との上手なつき合い方を見ていきます。「いまの気持ち」を読んで「その気持ち、わかる!」と思ったら、次のページの「こころケア」を試《ため》してみましょう。

マイナスな気持ちをリセットするためのこころケア

マイナスな気持ちにもさまざまな種類《しゅるい》があります。よくあるケースをいくつか紹介《しょうかい》します。

- イライラが止まらなくて
  八つ当たりしちゃった

→52ページ

- 親がうるさくてイライラ
  反発してしまいます

→104ページ

- 失敗《しっぱい》するのがこわい
  見捨《みす》てられそうで……

→60ページ

- 本当の自分を出したら
  きらわれそうでこわい

→68ページ

自分って、なんて
ダメなやつなんだ

- がんばっているのに
勉強ができない……

→76ページ

- やる気が出ないし、
のめりこめるものもない

→80ページ

どんなこころケアが
あるか、見てみよう！

もやもやして
気が重いなぁ……

- 悪いことをしたのに
あやまれなかった

→64ページ

- なんでもできる友だちに
嫉妬《しっと》しちゃう……

→100ページ

いまの気持ち 1

イライラして友だちを傷《きず》つけちゃった

イライラすると、どうして八つ当たりしてしまうのかな？

イライラしているときは人の気持ちを考えられない！

思ってもいない言葉を言っちゃうのはどうしてだろう？

イライラしていると、つい人に八つ当たりしてしまいますよね。怒《いか》りの気持ちが風船みたいにふくらんで、いつもの自分では考えられないようなきつい言葉を身近な人に言ってしまう場合もあると思います。相手を傷《きず》つけるつもりがないのに、勢《いきお》いで八つ当たりしてしまうことは、大人でもやってしまうことです。しかし、それで友だちや家族とギクシャクするのはイヤですよね。

八つ当たりしないようにするポイントは、冷静《れいせい》になること。イライラする原因《げんいん》からはなれて落ち着けば、相手の気持ちを考えられるようになる人も多いでしょう。イライラしたときに気持ちを落ち着ける方法《ほうほう》について、くわしくお伝《つた》えしますね。

こころケア 1

冷《れい》静《せい》になれる方《ほう》法《ほう》を知っておこう

こころの温度計を見て怒《いか》りを6秒我《が》慢《まん》しよう

八つ当たりを防《ふせ》ぐためには、怒《いか》りに身を任《まか》せず、冷《れい》静《せい》になることだとお話ししました。じつは、**怒《いか》りの感情《かんじょう》がもっとも高まるのは、イライラし始めてからの6秒間**だといわれています。つまり、6秒をどうにか我慢《がまん》できれば、少しずつイライラも落ち着いていくのです。

そうはいっても、イライラすることがあったとき近くに人がいたら、つい八つ当たりしてしまうかもしれませんよね。ですから、「**イライラしたときは深呼吸《しんこきゅう》しよう**」というように、やるべきこ

とを先に決めておきましょう。怒《いか》りに身を任《まか》せず、やるべきことをひとつずつ実行すると、我慢《がまん》しやすいです。おすすめなのは、自分のこころに温度計を思いうかべる方法《ほうほう》です。「いまの気持ちは温度で表すとどれくらいかな?」と自分に問いかけてみましょう。

イライラの原因《げんいん》を解消《かいしょう》し成長《せいちょう》のチャンスに変《か》えよう

イライラすること自体は悪くありません。「イライラしている」と自分の気持ちに気づき、言葉にできるのは、すごいことです。ただ、あなたの感情《かんじょう》によって周《まわ》りをイヤな気分にさせてしまうなら、どうにかしなければいけませんね。

自分の怒《いか》りに気づけたなら、次は考えることが大切です。イライラしたときに周《まわ》りに人がいるなら「ちょっとトイレに行くね」とその場をはなれ、「なぜ自分はイライラしているのだろう?」と考えてみましょう。ゆっくり冷静《れいせい》に考えることで、自然《しぜん》とイライラも落ち着きます。そしてもし、その原因《げんいん》がわかれば、今後はイライラしないように考え方を変《か》えていけるかもしれませんね。

たとえば、学校におくれて先生にしかられたとき、イライラするだけでは成長《せいちょう》につながりません。**イライラのもとになった「しかられた原因《げんいん》」を考えてみましょう。**もしも、おそくまで起きていて、ねぼうしてしまったのなら「今日からは早くねよう」とこれからの行動に目を向けるようにすれば、「成長《せいちょう》のチャンスだ!」と前向きにとらえられますね。

いまの気持ち

2

すぐにあきらめてしまって自分に自信《じしん》がもてない……

できないことをすぐに
あきらめるのはなんでかな？

ちょっとでも失敗《しっぱい》すると
続《つづ》ける気にならなくなる

周《まわ》りの子がすごすぎて
どうせ自分にはムリだと思う

なにかにチャレンジしても、すぐにうまくならない場合もありますよね。うまくできないと、やる気もチャレンジする勇気《ゆうき》もなくなって、あきらめてしまう人は少なくありません。しかし、**何度もあきらめるとどんどん自信《じしん》がなくなって、「どうせ自分はダメだ」「やってもムリだろうからやらない」とあきらめるクセがついてしまいます。**

ときには、あきらめてばかりの自分がイヤになることもあるでしょう。周《まわ》りの子が努力《どりょく》しているのを見ると、同じようにがんばれない自分とくらべて、くやしく思うときもあると思います。でも、大丈夫《だいじょうぶ》。あきらめるクセはなくすことができます。

どうすればいいか、いっしょに考えてみましょう。

ENGLISH
A B
C

こころケア 2

小さなことからステップアップ！ まずは続《つづ》けてみよう

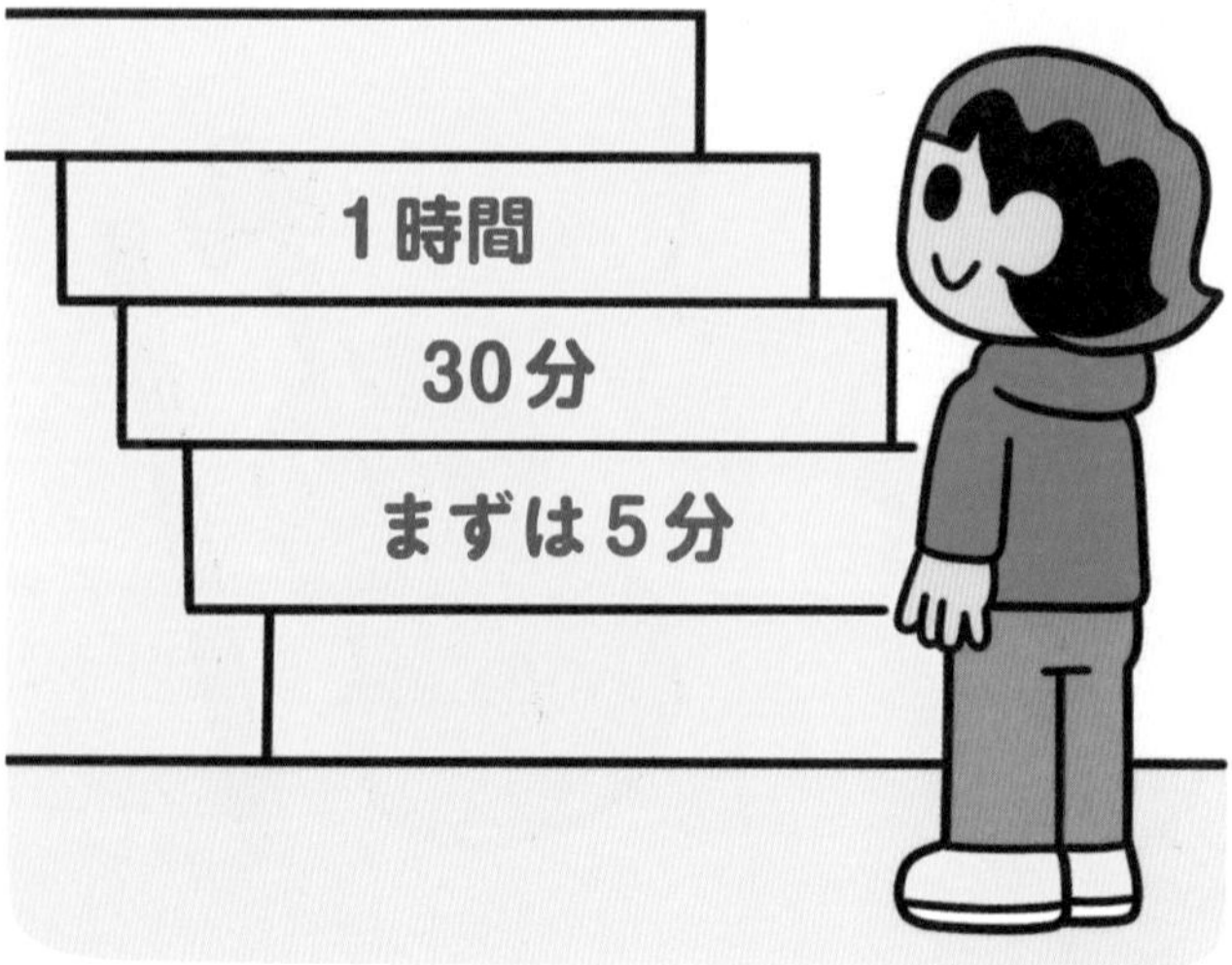

「できた！」の積《つ》み重ねがあきらめない自分をつくる

「どうせ自分にはなにも続《つづ》けられない」と思っているかもしれませんが、あなたにもあきらめずにやれることが、かならずあります。ちょっとしたことでいいので、あきらめずに続《つづ》けられることを探《さが》してみましょう。努力《どりょく》を積《つ》み重ねることによって、続《つづ》けるクセをつけることができます。

最初《さいしょ》はちょっとしたことでかまいません。最近《さいきん》、全然《ぜんぜん》勉強していないなら「簡単《かんたん》な問題集を1ページやってみよう」と、達成《たっせい》できそうなことからチャレンジすることをおすすめします。**小さなこと**

でも続《つづ》けることができれば、「自分にもできるんだ！」と自信《じしん》をもつことができます。

あきらめるクセがついている人は、目標《もくひょう》が大きすぎることも多いです。「1日3時間勉強する！」と、大きな目標《もくひょう》をもつのは立派《りっぱ》ですが、その場合は達成《たっせい》までの努力《どりょく》を細かく分けて、階段《かいだん》を一段《いちだん》ずつ上がっていくようなイメージをもつといいです。「まずは5分」「慣《な》れてきたから15分」と少しずつ目標《もくひょう》を大きくしていきましょう。

周《まわ》りの子が自分よりすごく見えても、あなたとその子は別《べつ》の人間なので気にしなくていいのです。自分と人を分けて考えて、自分の目標《もくひょう》を見失《みうしな》わないようにすることが大切。いまの自分にムリのない、高すぎない目標《もくひょう》を見つけてくださいね。

努力《どりょく》のあとを目で見えるように残《のこ》そう

ちょっとした努力《どりょく》でも、最初《さいしょ》は続《つづ》けることに苦《く》労《ろう》すると思います。たまにはサボりたくなる日もあるでしょうし、一度サボるとまたあきらめてしまうかもしれません。そんなとき、自分を責《せ》めなくていいですよ。まずはチャレンジした自分をほめてあげましょう。1回あきらめても、またやり直せばいいのです。すぐにあきらめてしまいそうで不安《ふあん》な人は、努力《どりょく》を目で見えるようにしてみてください。たとえば、**「がんばれた日はカレンダーにマークをつけよう」「努力《どりょく》した内《ない》容《よう》をノートに書こう」と自分でルールを決めておくと続《つづ》けやすくなりますよ。**

いまの気持ち

3

失敗《しっぱい》ばかりの自分は周《まわ》りに見捨《みす》てられるかも

自分に自信《じしん》がもてないのはどういうことが原因《げんいん》だと思う？

自分のよいところを考えても思いつかないからかな？

みんなより失敗《しっぱい》が多いしあきれられそうでこわい……

自分のよいところがわからずになやんだり、自《じ》信《しん》がもてないせいで不安《ふあん》を感じたりするのはつらいですね。完璧《かんぺき》な人はいないとわかっていても、失敗《しっぱい》すると周《まわ》りの目が気になってしまいます。

授業《じゅぎょう》で当てられたときに答えをまちがえたり、忘《わす》れ物《もの》をして注意されたり、**ちょっとした失敗《しっぱい》でも、本人からすれば大問題に感じてしまうことも多い**です。そして、どんどん失敗《しっぱい》がこわくなり、こころがソワソワしてまた失敗《しっぱい》してしまって、さらに自信《じしん》がなくなる場合もあるでしょう。

自信《じしん》をもつためには自分と人をくらべずに、自分の長所を見つけることが大切です。どのようなことを意識《いしき》すればよいか、くわしくお伝《つた》えします。

ショボリ

こころケア 3

失敗《しっぱい》をおそれず自分の個《こ》性《せい》を大切に！

周《まわ》りの目を気にしすぎず失敗《しっぱい》を前向きにとらえよう

授業《じゅぎょう》で当てられたときに答えをまちがえてしまったり、忘《わす》れ物《もの》をして注意されたり、たいした失《しっ》敗《ぱい》でなくても気にしてしまいますね。どうして気にしてしまうのかというと、「ほかの子なら正解《せいかい》できただろう」「ほかの子は忘《わす》れていないのに」と、自分と人とをくらべているからです。**人とくらべずに自分のことだけを考えれば「まちがいに気づけてよかった」「次は忘《わす》れないように何度も確認《かくにん》しよう」と前向きに考えられるようになります。**

また、失敗《しっぱい》したときは周《まわ》りの目が気になるかもしれません。じつは**人間には「他人から注目されている」と思ってしまいやすい性質《せいしつ》があります。**思春期《ししゅんき》はとくにこの性質《せいしつ》が強いです。本当はみんな自分のことでせいいっぱいで、他人のことはそこまで気にしていないのですが、「周《まわ》りから自分だけが見られている」と思いこんでしまうのです。不安《ふあん》を少しでも減《へ》らすために「みんなは自分をそこまで見ていない」と気楽に考えられるとよいですね。

得意《とくい》や好《す》きが自信《じしん》に変《か》わる自分の長所を探《さが》してみよう

失敗《しっぱい》を気にしすぎないようにするには、自分の長所を知っておくことも大切です。そうすれば、「国語の授業《じゅぎょう》ではまちがえたけれど、次の理科は得意《とくい》だから正解《せいかい》するぞ」というように気持ちを切りかえやすくなります。

人には個性《こせい》があります。クラスのみんなを思い出しても、得意《とくい》な科目や好《す》きなことはバラバラなはず。**友だちが得意《とくい》なことにムリに張《は》り合う必要《ひつよう》はありません。失敗《しっぱい》して不安《ふあん》になったら、自分の長所や、いいところを思い出してみてください。**

長所を知りたいときは、友だちをたよってみましょう。「自分の長所がわからなくて困《こま》っているんだ」と相談してもいいですし、相手の長所を伝《つた》えてあげれば、自分の長所も教えてもらえるかもしれません。集まった自分の長所は、ノートに書きためていくと見返しやすいですね。教えてもらえなくても、友だちの長所に気づけるあなたはステキですし、「相手を喜《よろこ》ばせることができた」という前向きな喜《よろこ》びは自信《じしん》につながります。

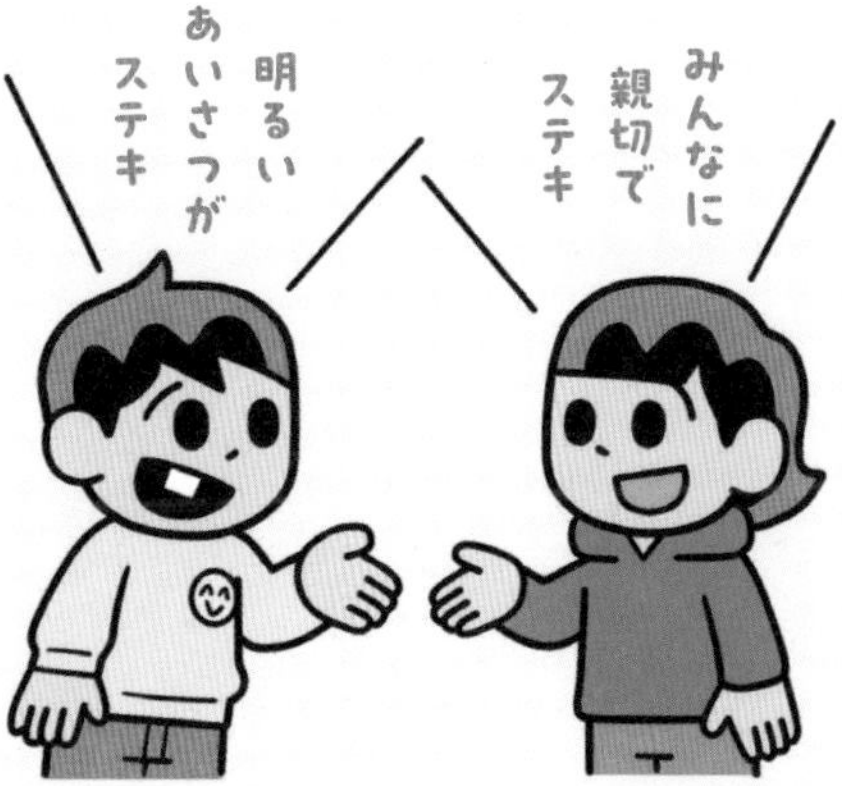
みんなに親切でステキ
明るいあいさつがステキ

いまの気持ち 4

自分が悪いとわかっているのに あやまれなかった

あやまらないといけないのに
あやまれないのはなぜ？

悪いことをしたのを
すぐ認《みと》めるのって難《むずか》しい……

とっさに言《い》い訳《わけ》すると
あやまりにくくなっちゃう

悪いことをしてしまったとき、すぐにあやまるのは難《むずか》しいですね。悪かったと思っているからこそ、**あとになって「あのとき、あやまればよかった」「なんで言《い》い訳《わけ》してしまったんだろう」ともやもやする**こともあると思います。どうしてもあやまれずに人のせいにして、ケンカになることもあるでしょう。「自分が悪かった」と思っているのに、素直《すなお》にあやまれないのは不思議《ふしぎ》ですよね。

素直《すなお》にその場であやまるためには、慣《な》れも大切です。すぐにあやまるという経験《けいけん》を積《つ》むことで、当たり前のようにあやまれるようになっていきます。あやまるのに慣《な》れるためにはどうすればよいのか、説明《せつめい》しますね。

こころケア 4

自分を外側《そとがわ》から見て あやまることに慣《な》れよう

意地をはらずに あやまれるってかっこいい

悪いと思っているのに、素直《すなお》にあやまれずに、つい人のせいにしてしまったり、言《い》い訳《わけ》をしてしまったり。上手にあやまるのって、難《むずか》しいですね。そんな自分を後ろめたく感じて「本当はあやまりたい」と思っているあなたは、あやまれるようになるまであと少しのところにいます！

ちょっと考えてみましょう。悪いことをしたときに、なかなかあやまらずだれかのせいにする人と、自分のせいだと認《みと》めてすぐにあやまる人は、どちらがカッコいいと思いますか？　きっと、自分のダメだったところを素直《すなお》に認《みと》めてあやまれる人を「カッコいい」と感じるのではないでしょうか。

　あやまれなかったとき、自分が周《まわ》りからどう見えているかを想像《そうぞう》してみるのもおすすめです。**なかなかあやまれない自分を外側《そとがわ》から見ると、「やっぱりあやまろう」と自然《しぜん》に行動に移《うつ》せますよ。**

「ごめん」の一言で ケンカが終わることもある

　その場であやまれないと、相手との関係《かんけい》が悪くなってしまうこともありますよね。仲《なか》のいい人やよく関《かか》わる人ならとくに、関係《かんけい》が悪くなるとストレスがたまってしまいます。「ケンカしたくないからあやまろう」と将来《しょうらい》のケンカ防止《ぼうし》のためにあやまるのもよいですね。

　「そんな理由であやまるのはまちがっているのではないか」と思う人もいるかもしれません。しかし、どんな理由でも自分が悪いときにすぐあやまることがクセになれば、なにかしてしまったときに、素直《すなお》な気持ちでいるためのこころのゆとりができてきます。「この子とケンカしたままでいるのはつらいなあ」とイメージすれば、あやまりやすいはずです。

　直接《ちょくせつ》あやまるのが難《むずか》しいときは、手紙や電話、チャットなどを使ってもいいでしょう。「直接《ちょくせつ》あやまらないとダメ」と思いこんでしまうと、なかなか行動に移《うつ》せないものです。なにかをクセづけるには、時間をかけて何度もくり返すことが大切なので、自分のやりやすい方法《ほうほう》で、ムリなくあやまることに慣《な》れていきましょう。

いまの気持ち 5

キャラを使い分けるわたしには本当の自分がない？

そもそも本当の自分ってなんなのかな？
家族の前の自分が本当の自分な気がするけど……
キャラを演《えん》じているときはニセものの自分なのかな？

場面や、関《かか》わる相手によってキャラを使い分けることは、全然《ぜんぜん》おかしなことではありません。むしろ、**相手や場面に合った自分を出せる人は、周《まわ》りをよく見ているやさしい人**なのです。

家族の前ではダラけたり、友だちと話すときは言葉を選《えら》んだり、先生の前ではおとなしくしたり、さまざまな顔をもつ人はめずらしくありません。「本当の自分を見せないと、こころが冷《つめ》たいと思われるのではないか」と、心配しなくて大丈夫《だいじょうぶ》。どんな人も、いくつかの顔をもっています。

しかし、**ムリしてキャラを演《えん》じているなら、あなた自身がつかれてしまいます**。キャラについて、つらくならないためのコツを考えてみましょう。

学校
家
部活動

こころケア 5

どれも本当の自分！ムリにだけは注意して

どんな人でもいくつかのキャラを演《えん》じて生きている

キャラを使い分けることはおかしなことではありません。たとえば、お笑《わら》い芸人《げいにん》も「ボケ」と「ツッコミ」で役割《やくわり》を分けて、役割《やくわり》に合ったキャラを演《えん》じることで、テレビ番組を盛《も》り上げています。しかし、人前に出ていないときは全然《ぜんぜん》ちがうキャラかもしれません。**周《まわ》りを見て言葉や態度《たいど》を選《えら》べるのは、相手の気持ちを想像《そうぞう》する力があるから**です。「こんなことを言われたくないだろう」「こんなことを言えばみんな楽しめるだろう」と想像《そうぞう》できる人は、気づかいができる人なのです。

どんなキャラもあなた自身であることに変《か》わりはありません。「本当の自分」も無意識《むいしき》につくったキャラのひとつかもしれませんし、キャラを演《えん》じているときに本音が出ないわけでもないですよね。**どんなときもあなたはあなたであって、ニセものの自分はいない**ということを覚《おぼ》えておいてください。

つらいならキャラを演《えん》じる必要《ひつよう》はない

キャラを演《えん》じることで、周《まわ》りとの関係《かんけい》がよくなる場合も多いです。ただ、キャラを演《えん》じることをつらく思うなら、そのキャラをあまり演《えん》じないようにしてほしいです。「いい子に見られたい」「周《まわ》りの人に楽しんでほしい」という気持ちは悪いものではありません。しかし、そのせいでムリをしていたら、いつかこころに限界《げんかい》がきてしまいます。

とはいえ、急にいままでのキャラをなかったことにするのは難《むずか》しいですよね。これまでとちがう自分を出すことをこわいと感じる人もいるでしょう。**一気にキャラを変《か》えなくても、「ムリしている」と感じる部分を減《へ》らすだけでも気持ちが楽になります**。自分の気持ちに、ていねいに向き合ってみましょう。

また、新しい習い事やクラブ活動など、知り合いがいない集まりに入ってみるのもいいです。そこでなら、ムリをして苦手なキャラを演《えん》じなくてもいいですよね。難《むずか》しければ、図書館や映画館《えいがかん》で、こころを休める時間を楽しむこともおすすめです。勇《ゆう》気《き》を出して仲《なか》のいい友だちに相談してみるのも気持ちの整理に役立ちますよ。

いまの気持ち 6

だれかとくらべちゃって やりたいことができない……

なんでだれかとくらべると
したいことができないのかな？
できる子に失敗《しっぱい》するのを
見られるのがはずかしい
人に見られていると思うと
緊張《きんちょう》して不安《ふあん》になっちゃう！

周《まわ》りの目を気にして不安《ふあん》になるせいで、やりたいことに気楽に取り組めないのはもやもやしますね。何事も失敗《しっぱい》することはあります。その失敗《しっぱい》を「人に見られたら」と思うと、チャレンジする勇《ゆう》気《き》が出なくなる人は多いです。「失敗《しっぱい》したら笑《わら》われるかも」と、こわくなる人もいるでしょう。

そのような人は、**見られることにばかり意識《いしき》が向いています**。人は、だれかひとりをずっと見ていることはほとんどありません。あなたも学校で特定《とくてい》のだれかをずっと見ていることは、あまりないですよね。とはいえ、すぐに気持ちを切りかえるのは難《むずか》しいでしょう。どのように考え方を整えていけばよいのか、くわしくお伝《つた》えします。

こころケア 6

見る側《がわ》になって冷静《れいせい》に自分のこころを観《かん》察《さつ》しよう

Aくん 逆《さか》あがりが できそう! がんばれ!
Bちゃんも わたしと同じ ところを まちがえたんだ そんなことも あるよね

見られる側《がわ》から見る側《がわ》へ 視《し》点《てん》を変《か》えてみよう

人はあんがい、周《まわ》りの人を見ていないといいましたが、すぐに納得《なっとく》するのは難《むずか》しいですよね。そんなときは、あなた自身が意識《いしき》して周《まわ》りの人を見てみましょう。まずは「自分だけが見られている」という思いこみをなくしてみてください。

自分が見る側《がわ》になるとわかると思いますが、他人がなにかをしているのをずっと見続《みつづ》けるのは大《たい》変《へん》です。自分自身が見る側《がわ》になってみると、「ずっとだれかに見られているわけではないんだな」と安心できると思います。

周《まわ》りを見るようになると、他人の気持ちもわかるようになります。失敗《しっぱい》している人を見ても「がんばれ」「そんなに気にしなくていいよ」と思うことのほうが多いのではないでしょうか。

いま、どんな気持ちかな？自分を観《かん》察《さつ》してみよう

「そこまで自分のことを見ている人はいない」と思えたら、こころにゆとりが出てきます。**冷静《れいせい》になって、自分の考え方や行動を一歩引いたところから見てみましょう。**人に見られて緊張《きんちょう》したり不《ふ》安《あん》になったりするときに、どんな気持ちになっているのか、どんな行動をしているのかを書き出してみてください。

「授業中《じゅぎょうちゅう》に手をあげて発表したいけれど緊張《きんちょう》してできない」なら、そのときにあなたがなにを考えているのか、どこを見ているのかなどを書き出します。「まちがえたらはずかしい」「周《まわ》りの手をあげている子たちを見ている」ことがわかったら、もう少しくわしく考えたり、行動を変《か》えたりしてみましょう。

「発表するってすごいことだ」「まちがえた子を見てもなんとも思わない」と考え方を変《か》えられれば、気が楽になります。周《まわ》りの子を見ると、不安《ふあん》になって手をあげられないなら、「先生の顔だけを似顔絵《にがおえ》が描《か》けるくらいよく見よう」というように行動を変《か》えてみましょう。「こうしよう」と決めた行動に集中すると、不安《ふあん》を感じにくくなりますよ。もし、いじわるを言う人がいても「こんな言葉、相手にしなくていい」と考えて、こころを楽にしたいですね。

Aくんががんばっているとき、応援《おうえん》したくなったな
ぼくががんばっているときも、みんな応援《おうえん》してくれているはず！

いまの気持ち 7

勉強ができなくてつらい……

勉強できないのは
なにが原因《げんいん》だと思う？
そもそも、なにが
わからないかがわからない！
なやみ事について考えると
集中できなくなる……

毎日授業《じゅぎょう》を受けるのに、勉強が苦手だと困《こま》りますよね。授業中《じゅぎょうちゅう》に当てられないか、ヒヤヒヤする人もいると思います。がんばっても問題が解《と》けなかったり、教科書に書かれていることがわからなかったり、まじめに勉強しても、思うように点数がのびないこともありますね。「どうして勉強ができないのだろう？」となやんでいるのは、あなただけではないので安心してくださいね。

勉強ができない原因《げんいん》を見つけて、解決《かいけつ》することが大切です。たとえば、前の学年で習った内容《ないよう》が覚《おぼ》えられていなかったり、勉強以外《いがい》のなやみがあって勉強に集中できなかったり。あなただけの原《げん》因《いん》を、ひとつずつ考えてみましょう。

こころケア 7

勉強できない原因《げん》《いん》を見つけて解《かい》決《けつ》しよう！

書き出そう

なぜ勉強に集中できない？

・今年から急に理科がむずかしくなった

・悪い点のテストを親に見せたらおこられそうでこわい

・友だちとうまくいってない

どうして勉強ができない？原因《げん》《いん》は人それぞれ

「勉強をがんばろう！」と決意しても、全然《ぜんぜん》進まなくてあきらめてしまいそうになるときもありますよね。そんなときは、あなたの勉強をストップさせている原因《げんいん》を考えてみましょう。

たとえば、これまでに習ったことがまだ理解《りかい》できていないのかもしれません。小学校や中学校の授業《じゅぎょう》は、少しずつレベルアップします。急に難《むずか》しい内容《ないよう》に取り組んでも、「なにもわからない」と感じてしまうでしょう。そんなときは、わかるところまで内容《ないよう》をさかのぼってみましょう。

いままで勉強が得意《とくい》だったのに最近《さいきん》できなくなったのなら、なやみ事が気になって勉強に集中できていないのかもしれません。なやむ内容《ないよう》は人それぞれですが、なやみ事のせいで勉強に集中できないのなら、先になやみ事を解決《かいけつ》したほうがいいかもしれません。

もしくは、勉強方法が合っていないのかもしれません。周《まわ》りの人がどんなふうに勉強しているのか観察《かんさつ》したり、聞いたりして、自分に合った方法《ほうほう》を探《さが》すのもいいでしょう。

勉強できない原因《げんいん》は人によってちがいます。**「これのせいで勉強できないのかも」という原因《げんいん》をあせらずに考えてみましょう。**なやみを紙に書き出して整理するのもいいですね。それが勉強以《い》外《がい》のなやみでも、リストアップすると、今後どうすればいいのかがわかりやすくなりますよ。

信頼《しんらい》できる先生に相談するのも手段《しゅだん》のひとつ

勉強ができない原因《げんいん》を考えても、なかなか思いつかないかもしれません。「どうせ自分の頭が悪いだけだ」と、あきらめないでください。原因《げんいん》がわからないときは、あなたをよく知る先生に相談してみるといいですよ。

「なにがわからないのかもわからない」「最近《さいきん》なやみ事があって……」と、素直《すなお》に話すことで、きっと相談に乗ってもらえます。**すぐに解決《かいけつ》しなくても、人に気持ちを話すとこころは落ち着きます。**

あなたを気にかけてくれる人が身近にいると、気持ちが前向きになるでしょう。もやもやしていることを、まず話しやすい人に話してみてください。

いまの気持ち 8

なんだかやる気が出なくて毎日がつまらない

やる気が出ない原因《げんいん》には
なにがあるのかな？
原因《げんいん》はわからないけれど
めんどくさく感じちゃう
毎日もっと楽しく生きるには
どうすればいいんだろう？

「なにかに熱中《ねっちゅう》したい」と思っても、なかなかモチベーションが上がらないときはありますよね。

部活でも勉強でも好《す》きなことでも、なにか本気になれるものがある人はキラキラして見えるものです。しかし、熱中《ねっちゅう》したいと思っていても「やる気が出ない」「新しいことを始めるのがめんどくさい」という人はめずらしくありません。

「なんでこんなにやる気が出ないんだろう」となやむかもしれませんが、**どんな人にも、やる気があるときとないときがあります。**モチベーションが上がらないときにどうすればよいのか、やる気を出しやすくするコツや前向きに行動していくためのポイントをお伝《つた》えしますね。

ボーン゛

こころケア 8

気分が乗らなくても まずは行動してみよう！

風が気持ち
いいな
ちょっと走って
みようかな

目標《もくひょう》は小さくてもＯＫ！ 行動がやる気につながる

やりたいことがあるのに、なかなか始められないとき、「やる気が出るまで待とう」と考える人は多いと思います。しかし、やる気が出ないからといって、ただじっと待っていても、やる気が出ることはありません。やる気を出すチャンスがないまま、「なにもしたくない」と無気力《むきりょく》になってしまうことも多いようです。

やる気が出ないときは、いますぐにできることをやってみましょう。そうすれば、自然《しぜん》とやる気が出てきます。重要《じゅうよう》なのは、急に高い目標《もくひょう》を立てないこと。「ジョギングを1日3時間するぞ」「問題集を3日で全部解《と》くぞ」と、はり切って高い目《もく》標《ひょう》を立ててしまうと、行動するハードルが高くなってしまいます。「まずは走れる服装《ふくそう》で家を出よう」「とりあえず1日1問は解《と》こう」と、**ムリなくできる目標《もくひょう》を立てて、行動に移《うつ》してみましょう。小さくても、できることから取り組めば、自然《しぜん》と勢《いきお》いがついて、やる気につながりやすい**です。

気分が乗らない原因《げんいん》を解決《かいけつ》して気持ちをリセット

「そんなふうに行動できたらなやんでいない」と思う人もいるでしょう。どうしても行動できない場合には、なにか原因《げんいん》があるかもしれません。

気分が乗らない原因《げんいん》があるなら、解決《かいけつ》することでやる気が出るようになるでしょう。「前まではやる気でいっぱいだったのに、最近《さいきん》はやる気が出ないし、めんどくさく感じてしまう」という場合ならば、いつからやる気が出なくなったのか、記《き》憶《おく》をさかのぼってみましょう。**思い当たる原因《げんいん》をひととおり書いてみると、なにを解決《かいけつ》すればよいのかも見えてきます。**

「チームメイトとケンカしてから部活の練習をしたくなくなった」のなら、仲直《なかなお》りをすればやる気も取りもどせる可能性《かのうせい》が高いです。「ひとりで問題集を開いても解《と》けなくて悲しくなる」なら、先生や友だちに解《と》き方を聞けば解決《かいけつ》できるかもしれません。心当たりがあるなら、先に原因《げんいん》の解決《かいけつ》を目指してみましょう。

書き出そう

なぜ部活でやる気が出ない？

・チームの子とケンカした

・なかなかサーブがうまくならない

・小さいことで先生に注意された

いまの気持ち 9

ひとりでいるのはさみしい。どうすれば友だちになれるの？

どういう人になら
声をかけたいと思うかな？
好《す》きなものが同じ人には
声をかけやすいかも！
最初《さいしょ》になんて声をかければ
いいのか難《むずか》しいな……

たくさんの友だちに囲《かこ》まれている人を見て「うらやましいな」と思う気持ちはよくわかります。友だちが多い人は人気者に見えますよね。

しかし、**友だちづき合いで本当に大切なのは、友だちの数ではありません。**友だちが自然《しぜん》と増《ふ》えるのはよいことですが、ムリに増《ふ》やす必要《ひつよう》はありません。たとえ少なくても、相手とのつながりを大切にすると、もっと仲《なか》よくなれますよ。

とはいえ、「クラスに友だちがいない」「自分から遊ぼうと言える人がいない」と、なやんでいる人もいますよね。**親しくなるには、まずは気楽に声をかけ合えるようになる必要《ひつよう》があります。**どうすればよいか、見ていきましょう。

こころケア 9

話しかけやすい人になってみよう！

きっかけは共通点《きょうつうてん》 好《す》きをアピールしてみよう

友だちになるには、親しくなるきっかけをつくる必要《ひつよう》があります。「人に話しかけるのは苦手」という人は、相手に話しかけてもらえるようなくふうをしてみましょう。

あなたは、どんな人に「声をかけてみよう」と思いますか？　**きっと、自分となにか共通点《きょうつうてん》がありそうな人になら、声をかけやすい**のではないでしょうか。「同じアニメやキャラクターが好《す》き」「同じアイドルグループが好《す》き」など、いっしょに盛《も》り上がれるようなきっかけがあれば、話しやすそうですよね。

「話をしないと共通点《きょうつうてん》なんて知ってもらえないのでは？」と思うかもしれません。しかし、自然《しぜん》に好《す》きなものを知ってもらうこともできます。キャラクターがデザインされた筆箱を使ってみたり、アイドルのクリアファイルを使ってみたり、さりげなくアピールする方法《ほうほう》がありますよ。

人は共通点《きょうつうてん》がある相手を気に入りやすい性質《せいしつ》があります。**同じものが好《す》きな人とは、友だちになりやすい**ですよ。勇気《ゆうき》を出して自分から声をかけても、話がはずむはずです。

話し上手じゃなくてもいい 会話のコツを覚《おぼ》えよう

「話しかけてもらっても、うまく会話を盛《も》り上げられない」という人もいるでしょう。そんな人には、話が盛《も》り上がりやすい会話のコツを覚《おぼ》えておいてもらいたいです。

人は、自分と似《に》ている人に好感《こうかん》をもちます。あなたも「あのドラマおもしろかったよね！」と話したときに、「おもしろかったよね！」と返されるとうれしいですよね。**相手が言ったことをくり返したり、相手の口グセをさりげなく使ってみたり、相手と似《に》ているところを会話のなかに取り入れてみてください。**

わからないことは「興味《きょうみ》があるからくわしく教えて！」と素《す》直《なお》にたのんでみると、相手も「自分の好《す》きなことに興《きょう》味《み》をもってもらえてうれしい！」とたくさん話してくれますよ。

いまの気持ち

10

ケンカしちゃった友だちとどうやって仲《なか》直《なお》りしよう？

友だちと仲直《なかなお》りしたいのに
あやまれないのはどうして？
友だちとはこれからも
仲《なか》よくしたいんだけど……
仲《なか》がいいからこそ
あやまるのはくやしい……！

友だちとケンカするとショックですよね。すぐに仲直《なかなお》りできなくて、もやもやしていると思います。しかし、ケンカをしても、「仲直《なかなお》りしたい」と思える友だちがいるのは、ステキですね。

「友だちとの関係《かんけい》を取りもどしたい」と思っていても自分からあやまれないのには理由があります。友だちとの関係《かんけい》と、自分のプライドをくらべているからです。**「あやまりたくない」という気持ちのほうが大きいなら、ムリにあやまる必要《ひつよう》はありません。友だちとの関係《かんけい》は大切ですが、自分の大事なものを守ることも大切**です。ここでは自分の大事なものはなにかを判断《はんだん》する方法《ほうほう》や、あやまると決めたときのポイントをお伝《つた》えしますね。

こころケア 10

友だちとの関係《かんけい》とプライドをくらべよう

自分の気持ちと相談して なにを優先《ゆうせん》するか考えよう

「あやまりたい」「あやまりたくない」と、ふたつの気持ちが混《ま》ざっていると、どうすればいいか決めるのが大変《たいへん》ですよね。どちらかの気持ちが明らかに大きければそちらを選《えら》べますが、同じくらいの場合にはなやんでしまいます。

「あやまりたい」という気持ちは、これからも友だちと仲《なか》よくしたいという思いから生まれます。いっぽうで、「あやまりたくない」という気持ちは、「自分からあやまるのはくやしい」というように自分のプライドから生まれるのです。

友だちとの関係《かんけい》よりも自分のプライドを大切にすることは、おかしなことではありません。**自分が「正しい」と思うことにプライドをもっているのは、自分の価値観《かちかん》をもっているということ**です。たくさん考えて判断《はんだん》した結果《けっか》が、あなたのプライドなのです。プライドを大切にすることは、あなたの生き方を大切にすることにもつながります。

「プライドは大切なもの」と理解《りかい》したうえで、今後の友だちとの関係《かんけい》とプライドのどちらが大事なのか考えてみましょう。**あなたが優先《ゆうせん》したいと思えるものを優先《ゆうせん》することで、あとで「こうすればよかったなあ」と思わない結果《けっか》を選《えら》べる**はずです。

あやまり方って大事！ まずは相手を思いやろう

「あやまろう」と思ったのであれば、相手の気持ちを考えることが大切です。相手にも、いろいろな都合や気持ちの浮《う》きしずみがあります。つかれていたり、ねむかったり、急いでいたり、そんなときにケンカについて話そうとすると、あなたがあやまりたくても、相手は「話したくない」とイヤがってしまうかもしれません。相手の気持ちを想像《そうぞう》しつつ「いま、ちょっと話してもいい？」と聞いてみましょう。

また、あやまるつもりが相手を怒《おこ》らせてしまうケースもゼロではありません。そうならないために「**わたしはこう思った。あなたはどう？**」と、**自分の気持ちを伝《つた》えたうえで、相手の気持ちも聞く**ようにしてみてください。

おたがいに気持ちを伝《つた》え合うことで、スムーズに仲直《なかなお》りができますよ。

いまの気持ち 11

学校に行きたくないなあ……絶対《ぜったい》に行かないとダメ？

学校に行きたくないと
思った原因《げんいん》はなんだと思う？

ハッキリと原因《げんいん》はないけど
なんとなく行きたくない……

クラスの子がこわくて
教室に入るのがドキドキする

「学校に行きたくない」と感じること自体が、大きなストレスになっていると思います。原因《げんいん》は人によっていろいろあるでしょうが、学校に行きたくなくなる人はけっして少なくないので、あまり思いつめすぎないようにしてくださいね。

学校に行きたくないときのあなたの気持ちしだいで、どうしたらよいかは変《か》わります。場合によってはムリをして学校に通う必要《ひつよう》はないのですよ。

ただ、なやみをだれにも話せないまま、ムリに登校し続《つづ》けたり、先のことを考えずに何日も休んだりするような行動は、未来《みらい》のあなたのためにならないかもしれません。あなたがこれからどうすればよいのか、考えてみましょう。

こころケア 11

原因《げんいん》によっては学校に行かないのもアリ

どんなことが不安《ふあん》かな？ 原因《げんいん》を探《さが》してみよう

「学校に行きたくない」と思う人は多いですが、原因《げんいん》はいろいろあります。原因《げんいん》によって、どうすればいいのかも変《か》わってくるので、あなた自身の原因《げんいん》を探《さが》すことが大切です。まずは**思いつくかぎりのなやみや不安《ふあん》を書き出してみましょう。書くことで、自分の気持ちが整理されていきます。**

「うまく書けない」「書いたけれどしっくりこない」というときは、親や保健室《ほけんしつ》の先生に相談するのもおすすめです。信頼《しんらい》できる人に相談すれば、自分の気持ちをふり返ったり、自分を外側《そとがわ》から見て考えることができたり、これまで見えてこなかった自分がわかってきます。

原因《げんいん》を考えても「とくにない」という人もいるでしょう。「なんとなく行けない」というケースで多いのが、「周《まわ》りの目が気になる」というものです。**学校生活をふり返って具体的《ぐたいてき》ななやみがない場合には、休むとかえって登校しにくくなることもある**ので要注意《ようちゅうい》です。

「1日だけ休んだら、がんばれそう」と思えるなら、たまには休むのもいいですね。もし不安《ふあん》なら、休む前になやみを友だちや先生、親に相談してみましょう。周《まわ》りの人の意見を聞けば気持ちが落ち着きますよ。

世界はひとつじゃない 新しい居場所《いばしょ》がある

過去《かこ》のいじりやいじめなどが原因《げんいん》で「学校にいる人がこわい」と思っている場合には、ムリをしなくていいです。**オンラインで授業《じゅぎょう》を受けたり、フリースクールに行ったりすることもできるので、信頼《しんらい》できる人に相談しましょう。**学校に行くことが大きなストレスになっているなら、はなれることでこころが元気になるかもしれません。のびのびと過《す》ごせる場所で好《す》きなことに打ちこんでみましょう。

ただ、先生や親に相談して解決《かいけつ》できる可能性《かのうせい》があるなら、はなれる前になやみを話してみるのもいいですね。解決《かいけつ》が難《むずか》しそうな場合、思いつめすぎずに「学校以外《いがい》の居《い》場所《ばしょ》を探《さが》してみよう」と前向きに考えてください。

いまの気持ち 12

苦手をいじられるのがイヤ。わたしはこころがせまい人間？

なんで苦手なことを人から
いじられるとイヤなのかな？
自分を否定《ひてい》されている
みたいで悲しくなる……
直したいと思っていることを
言われるとくやしい！

人に苦手なことをいじられると、イヤな気持ちになりますね。自覚《じかく》していなくても、なんとなくもやもやすると思います。イヤな気持ちになるのは、あなたのこころがせまいわけではありません。

学校のように同年代で集まる場所だと、悪気なく苦手をいじられることもありますね。「話のネタにされている」ように感じてくやしいこともあるでしょう。まったくいじられないようにすることは難《むずか》しいですが、言われたことをどのように受け止めるかはあなたしだいです。なかには冷静《れいせい》に受け止めて改善《かいぜん》したほうがよいこともあります。いじられたときに考えてもらいたいことについてお話ししますね。

こころケア 12

イヤな気持ちはもっていい。受け取り方を変《か》えよう

直して成長《せいちょう》するもよし 大事な個性《こせい》にするもよし

「苦手なことをいじられてイヤな気持ちになる」のは、おかしなことではありません。自分の苦手なことを言葉にされるのは、だれだってイヤです。しかし、**ネガティブな感情《かんじょう》はマイナスにはたらくばかりではないのです。ポジティブな感情《かんじょう》だけではなく、ネガティブな感情《かんじょう》も受け入れることで、あなたはいまよりも成長《せいちょう》できる**はずです。

相手の言葉を気にしすぎずに、自分の思いを大切にしながら冷静《れいせい》に考えてみましょう。「悪口を言われた！」と思うとくやしくなりますが、言い

返すとケンカになってしまうので、その場は聞き流します。そして、ひとりになって気持ちが落ち着いたときに**「たしかにその点は直したい」と思うなら、成長《せいちょう》のチャンスです。「別《べつ》にこのままでもいい」と思うなら、それは自分の個性《こせい》。**苦手ではなく、自分らしさだととらえて堂々《どうどう》としておきましょう。でも、相手の言葉があまりにひどいと感じるときは、「そんなふうに言われると悲しい」と正直に自分の気持ちを伝《つた》えてください。なやむなら先生や親に意見を聞いてみるのもいいですね。

いろんなことにもやもや傷《きず》つきやすい人もいる

基本的《きほんてき》にネガティブな感情《かんじょう》は成長《せいちょう》のきっかけだと思ってほしいですが、イヤな気持ちになることが多すぎてつらくなる人もいます。「まっとうなアドバイスにも、毎回もやもやしてなやんでしまう」という場合には、もしかしたら**生まれつきこころが動きやすい**のかもしれません。

こころが動きやすい人は、日常《にちじょう》で起きるちょっとしたできごとにも大きく感動できるのですが、いっぽうで、人に言われたささいな言葉にも強く反応《はんのう》します。それによって、もやもやする回数も増《ふ》えてしまうのです。

もしも心当たりがあれば、親や、保健室《ほけんしつ》の先生など信頼《しんらい》できる大人に相談してみましょう。だいたい5人に1人くらいは生まれつきの感じやすさでなやんでいます。**その感じやすさをうまく生かすことができれば、大きな長所になりますよ。**

なんだかおもしろいTシャツだね
変《へん》な服だって言われた……

いまの気持ち 13

友だちに嫉妬《しっと》してしまうのをやめたい

人に嫉妬《しっと》してしまうのはどうしてだと思う？
自分が負けているような気持ちになるからかな……
相手のほうがすごいとくやしいと思っちゃう！

相手が友だちでも、「うらやましい」と思うと嫉妬《しっと》してしまいますね。身近な相手だからこそ、嫉妬《しっと》しやすいときもあります。**嫉妬《しっと》するのはあなたに向上心があるから**です。「なくさないといけない」となやみすぎる必要《ひつよう》はありませんよ。「嫉《しっ》妬《と》はダメだ」と感情《かんじょう》をおさえすぎると、いつかおさえきれなくなったときに、相手にイヤな思いをさせてしまうかもしれません。

嫉妬《しっと》の大きな原因《げんいん》は、自信《じしん》がないことです。**自《じ》信《しん》をもてるようになれば、周《まわ》りの人たちのすごいところを素直《すなお》に認《みと》められる**ようになっていきます。

ここでは、嫉妬《しっと》の気持ちとうまくつき合っていく方法《ほうほう》をくわしくお伝《つた》えします。

自信《じしん》をつけつつうまく嫉妬心《しっとしん》とつき合おう

ライバルは過去《かこ》の自分！向上心を味方にしよう

人間は他人と自分をくらべる性質《せいしつ》があるので、多くの人が自分にないものをもっている人に対して「うらやましい」「くやしい」と嫉妬《しっと》します。しかし、勉強やスポーツなど、すべてにおいて自分が一番にはなれませんよね。**他人と自分をくらべていても、満足《まんぞく》できる日はやってきません。**

そこで大切なのが、自信《じしん》をもつことです。まず試《ため》してもらいたいのが、**他人とくらべるのをやめて、過去《かこ》の自分といまの自分をくらべる**ことです。

「あの子は国語のテストが満点《まんてん》でうらやましい」

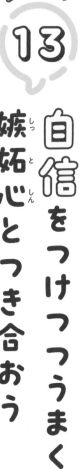

というほかの人とくらべる考えから、「前は80点しか取れなかったけれど、今回は90点も取れた！」という考えに変《か》えてみましょう。あなたの努力《どりょく》や成長《せいちょう》を、あなた自身が認《みと》めてあげることで、ほかの人に嫉妬《しっと》する回数が減《へ》りますし、「次はもっとがんばろう！」と前向きになれますよ。そうすれば、友だちのすごいところも素直《すなお》に受け入れて、いっしょに喜《よろこ》べるはずです。

嫉妬心《しっとしん》は人にぶつけず 自分のなかで処理《しょり》しよう

自信《じしん》をもつことで嫉妬《しっと》する回数を減《へ》らせますが、それでも嫉妬心《しっとしん》は出てくるでしょう。そんなとき、嫉妬《しっと》の感情《かんじょう》を相手にぶつけると、ケンカになってしまいます。うまく自分だけで処理《しょり》するように意《い》識《しき》してみてください。

日記やノートなど自分だけが見ることのできる場所で、気持ちをはき出してしまうのがおすすめです。自分の感情《かんじょう》を我慢《がまん》せずに書き出すことでスッキリしますし、「こうなりたい」という理想の自分や、「直したい」と思っている部分も見えてきます。

もしも、うまく処理《しょり》できずに友だちに気持ちをぶつけてしまったときは、素直《すなお》にあやまりましょう。相手も嫉妬《しっと》する人の気持ちは知っているので、「うらやましくて嫉妬《しっと》してしまったんだ。ごめんね」とそのままの感情《かんじょう》を伝《つた》えれば、きっとわかってもらえるはずです。

書き出そう

○○ちゃんに
しっとしちゃう

・みんなの人気者で
うらやましい
・テストの点も高い
・字がきれい

いまの気持ち 14

ちょっとしたことでイライラ。親に反発してしまう！

なんで親の言うことに
反発したくなるのかな？
理由はわからないけれど
ムカついてしまうことが多い！
親は家族だし、ある程度《ていど》は
反発してもいいんじゃない？

親が言うことに、なんとなくイライラしてしまうことはありますよね。反発してしまう原因《げんいん》には、思春期《ししゅんき》であることが考えられます。

思春期《ししゅんき》というのはこころが発達《はったつ》するのに必要《ひつよう》な時期のことで、だいたい小学校高学年から高校生くらいまでの時期です。**思春期《ししゅんき》になると「親から自立《じりつ》して大人になりたい」という気持ちが強くなり、反発したくなってしまいます。**つまり、大人になるために必要《ひつよう》な通り道というわけですね。

しかし、思春期《ししゅんき》でも人を傷《きず》つけていいわけではありません。大人になるには、あやまれるようになることが重要《じゅうよう》です。思春期《ししゅんき》のこころとどのようにつき合えばいいか、確認《かくにん》してみましょう。

宿題やったの?
いまやろうとしてた!

こころケア 14

反発の理由は思《し》春《しゅん》期《き》！ 傷《きず》つけたならあやまろう

こころが大人に近づき 視《し》野《や》も意見も広がる

思春期《ししゅんき》になると自立《じりつ》心が芽生《めば》え始めます。自分の意見をもつようになり、大人に反発したくなるのです。いままでは親の言うことを素直《すなお》に聞いていた人も、**「自分ならこうするのにな」「もしかしたら親がまちがっているのかも」などといろいろな考えが出てくるようになり、どんどん精神的《せいしんてき》に成長《せいちょう》**していきます。

また、親と仲《なか》がよかった人でも「はなれたい」「うっとうしい」と感じることが増《ふ》え、親よりも友だちといっしょに過《す》ごすことが増《ふ》えていきます。

同年代の友だちも同じく思春期《ししゅんき》なので、はば広い考え方を知ることができるでしょう。思春期《ししゅんき》の友人関係《かんけい》をもとに、人によって考え方がちがうということも理解《りかい》していきます。

気づかう気持ちが大切 傷《きず》つけたならあやまること

思春期《ししゅんき》は子どもから大人になるために重要《じゅうよう》な時期です。しかし、なにをしてもいいわけではありません。親が相手だとしても、傷《きず》つけるようなことをしたらあやまらなければならないのです。「あやまらなくても親なんだからわかってくれるだろう」と、放置《ほうち》しておくのはよくありません。**身近な人に対してもきちんとあやまれるようになるのが、大人になるうえでとても大切**だからです。

自分の意見をもつことや、それを伝《つた》えることはけっして悪いことではありません。ただし、相手の意見や気持ちを大切にすることが人づき合いでは重要《じゅうよう》です。「すべてが自分の思いどおりにはならないけれど、自分の気持ちを伝《つた》えてありのままの自分でいよう」と思えるようになるとステキですね。

親にはなかなかあやまれなくても、「友だちや学校の先生にはあやまれる」という人は多いのではないでしょうか。家族以外《いがい》の人にできる気配りをそのまま行うイメージで親と関《かか》わってみてください。親もあなたやあなたの友だちと同じ、ひとりの人間です。

人と人が関《かか》わるなかで気づかいは大切なことなので、思春期《ししゅんき》の間はとくに意識《いしき》しましょう。

いまの気持ち 15

乗り気じゃないさそいをことわれなくてつらい

イヤなのにことわれないのは
どういう気持ちなのかな？

ことわると「きらわれるかも」
と心配になっちゃう……

ことわられると悲しいから
自分もことわりにくい

友だちからさそわれたとき、ことわりにくいのはよくわかります。「一度ことわると、もうさそってもらえなくなるかも」「ことわるときらわれるかも」と、不安《ふあん》になるのは、大人でもあることです。しかし、年齢《ねんれい》に関係《かんけい》なく、自分の意見を一番大切にできるのはあなた自身なので、ムリをしてさそいに乗る必要《ひつよう》はありません。

あなたにも友だちにも、好《この》みや気分、その日の都合などいろいろな事情《じじょう》があります。**「ことわりたい」と思った理由を話して、わかってもらうような関係性《かんけいせい》をつくることが大切**です。どのように伝《つた》えればよいのか、逆《ぎゃく》に相手にことわられても悲しくならない方法《ほうほう》を、お伝《つた》えしますね。

こころケア 15

自分と相手の気持ちのどちらも大切にしよう

たがいに相手を気づかって対等な関係性《かんけいせい》をつくろう

さそわれたからといって、かならずさそいに乗らなければならないわけではありません。「ことわりにくい」と思ってしまうのは、まだ相手との関係性《かんけいせい》が整っていないからです。**おたがいに相手の気持ちを尊重《そんちょう》し合って、居心地《いごこち》のよい関係性《かんけいせい》をつくっていくこと**が必要《ひつよう》になります。

　ことわるときは、「家族と買い物に行かないといけないんだ」というように事情《じじょう》を伝《つた》えると、相手も「しかたないか」と受け入れやすいです。「さそってくれてありがとう」「すごく行きたかった！」と感謝《かんしゃ》の気持ちや前向きな言葉を伝《つた》えれば、次もさそってもらいやすいですよ。

事情《じじょう》を理解《りかい》し合うことができれば、「それなら、あしたはどう？」「今度遊ぶときはこうしよう」と、さそいの内容《ないよう》を話し合って調整することもできます。あなたが、さそってくれた人を思いやってことわるようにすれば相手もことわりやすくなり、関係性《かんけいせい》が整っていきます。逆《ぎゃく》に、友だちをさそってことわられたとしても、相手にも事情《じじょう》があると思って気にしすぎないようにしましょう。「わたしのことがきらいだからことわられたのかな」と不安《ふあん》にならなくて大丈夫《だいじょうぶ》ですよ。

好《す》きだからこそ大切に不安《ふあん》もしっかりと伝《つた》えよう

「友だちのさそいはことわれるけれど、好《す》きな人のさそいはことわれない」という人もいるでしょう。性的《せいてき》なことにさそわれることもあるかもしれません。しかし、**好《す》きならなにをしてもよいわけではありません。好《す》きな相手こそ大切にしなければなりませんし、あなたも大切にされる権利《けんり》があります。**不安《ふあん》な気持ちは、素直《すなお》に伝《つた》えましょう。

自分が気にならないことでも、相手はイヤかもしれません。「どうってことないのに」と思わずに、相手の気持ちを聞いて同意を得《え》るようにこころがけましょう。同意を得《え》られなくても、あなたが否定《ひてい》されたわけではありません。さそいの内容《ないよう》を「イヤだ」と感じることと、相手をきらうのは別《べつ》のことです。話し合っておたがい納得《なっとく》できるような解決策《かいけつさく》を見つけてくださいね。

いまの気持ち 16

SNS《エスエヌエス》が気になって自分の時間がない！

なんでそこまでSNS《エスエヌエス》が気になってしまうのかな？
友だちに「無視《むし》してる」と思われたくない……
書きこみに反応《はんのう》がないかずっと気にしてしまう

気楽に友だちとつながれるSNS《エスエヌエス》は便利《べんり》ですが、気になりだすとひとりの時間がなかなか取れなくなっちゃいますね。「今日は早くねよう」と思っても「連絡《れんらく》が来ているかも」と何度もスマートフォンを見たり、「宿題をしよう」と思っても「書きこみに反応《はんのう》がないかな？」とチェックしてしまったり。学校での人づき合いが家でも続《つづ》いているようで、ソワソワすることもあるでしょう。

もちろん、友だちとの関係《かんけい》は大切です。でも、それと同じくらい、あなただけの時間も大切なのです。やりたいことや、やらなければいけないことができなくなっているなら、SNS《エスエヌエス》の使い方を見直してみましょう。

23:52

こころケア 16

スマホやSNS《エスエヌエス》はルールを守って使うようにしよう

便利《べんり》だけれど使いすぎない時間を決めてしまおう

スマートフォンやSNS《エスエヌエス》はとても便利《べんり》な反面、つねに人とつながることで自分の時間が取りにくくなり、つかれてしまうというデメリットもあります。ずっと友だちといっしょにいるように感じる人も、きっと多いでしょう。SNS《エスエヌエス》を楽しめているときはそれでもいいかもしれませんが、**気にしすぎてストレスを感じるようなら自分のなかでルールを決める**ことをおすすめします。

簡単《かんたん》なのは、スマートフォンを使う時間を決めることです。「夜9時以降《いこう》はスマホを使えないから、返事は次の日になっちゃうんだ」と友だちに伝《つた》えておけば、9時以降《いこう》は自分の時間にできます。ルールを決めても使ってしまうなら、親にスマートフォンを預《あず》けてしまうのもよいでしょう。

あなたのよさは「いいね」じゃはかれない

SNS《エスエヌエス》でつかれる原因《げんいん》には、自分の時間が取れないこと以外《いがい》に、「いいね」やフォロワーの数、コメント、返信《へんしん》までの時間などが気になるというものもあります。友だちよりも「いいね」の数が少ないと、不安《ふあん》になったり、くやしく感じたりする人もいるのではないでしょうか。**「いいね」の数を増《ふ》やすために、ムリをして注目されるようなことをする人もいますが、そのようなことをし始めると、自覚《じかく》のないままに犯罪《はんざい》に関《かか》わってしまう**ことも出てきます。本来は気楽に友だちとつながれて楽しいはずのSNS《エスエヌエス》が数字を取り合う戦《たたか》いのようになってしまうのはストレスになりますよね。

SNS《エスエヌエス》に関《かん》する数字は、人のよい・悪いを決めるものではありません。**勇気《ゆうき》を出してSNS《エスエヌエス》の通知を切ってみたり、使う時間を減《へ》らしてみたりと、SNS《エスエヌエス》からはなれることに慣《な》れる**くふうをしてみてください。

また、SNS《エスエヌエス》は「実際《じっさい》に体験《たいけん》する」という面では弱い部分があります。いくらSNS《エスエヌエス》上で料理《りょうり》の動画や書きこみを見ても、それだけで料理《りょうり》ができるようにはならないですよね。興味《きょうみ》があることが見つかったら、実際《じっさい》に挑戦《ちょうせん》してみてください。上達《じょうたつ》してもしなくても、その経験《けいけん》は、きっとあなたのこころを豊《ゆた》かにします。

筋肉《きんにく》をゆるめる運動でリラックスしよう!

人は不安《ふあん》やいらだちを感じると、体に力が入りすぎてしまいます。体とこころは切りはなせないので、「冷静《れいせい》になろう」「リラックスしよう」と、ただ思うだけでは、なかなか体の力をゆるめることはできません。むしろ、体がほぐれないことにあせって、よけいに体もこころもつかれてしまう場合もあります。

そんなときに試《ため》してもらいたいのが、筋肉《きんにく》の緊《きん》張《ちょう》をゆるめる運動です。筋肉《きんにく》をほぐすことで、こころも自然《しぜん》とほぐれていきます。10秒間をめやすに、手の平やうで、首、顔、足など体のさまざまな場所の筋肉《きんにく》にぐっと力を入れます。そして、10秒たったら一気にゆるめてみましょう。そのまま10～20秒くらい深呼吸《しんこきゅう》をして、全身の力が抜《ぬ》けているのを実感すると効果的《こうかてき》です。せまい場所でもできるので、気持ちをリフレッシュしたいときに試《ため》してみてください。

PART《パート》 3

もっとがんばりたい！
プラスの
こころケア

ポジティブな感情《かんじょう》が毎日を楽しくする

マイナスな気持ちを感じたとき、こころをリセットして元気な状態《じょうたい》にもどすためには、「こころケア」が効果的《こうかてき》です。では、こころが元気な状態《じょうたい》であれば、こころケアが必要《ひつよう》ないかというと、そうではありません。

こころが元気な状態《じょうたい》でケアをしてあげると、「よし、やるぞ！」とやる気がわいてきたり、「もっとこうしてみよう！」と目標《もくひょう》に向かって成長《せいちょう》しようという気持ちがわいてきたりします。また、物事をいい方向に受け止め、ポジティブな考え方に変《か》わっていきます。

感情《かんじょう》のバランスを取っていこう

ポジティブ（プラス）に考えることは、こころを健康《けんこう》に保《たも》つために大切です。しかし、すべてを前向きに考えればよいということではありません。ときには「もしかしたら○○かもしれない……」という不安《ふあん》から、注意深く行動するほうがいい場面もあるでしょう。

ネガティブ（マイナス）な感情《かんじょう》が悪いのではなく、ネガティブ「すぎる」ことがよくないのです。これはポジティブでも同じこと。自分のプラスとマイナスな部分のバランスをうまく保《たも》てるよう、こころをケアしていきましょう。

ゼロからプラスへ！ やる気を引き出すこころケア

がんばりたい理由や目標達成《もくひょうたっせい》までの課題《かだい》は人それぞれ。あなたに合うケアを見つけましょう。

♥でも、なかなか自分から声をかけられない

→148ページ

♥同世代以外《いがい》の人とも仲《なか》よくなってみたい！

→150ページ

♥友だちをつくるためにみんなと仲《なか》よくしなきゃ……

→152ページ

「理想の自分」になりたい！

♥ いまの自分が
あんまり好《す》きじゃない
→164ページ

♥ なかなか変《か》えられなくて
あせっちゃう……
→166ページ

♥ 自分を変《か》えたいけど
どうすればいいかわからない
→168ページ

どんなこころケアがあるか、見てみよう！

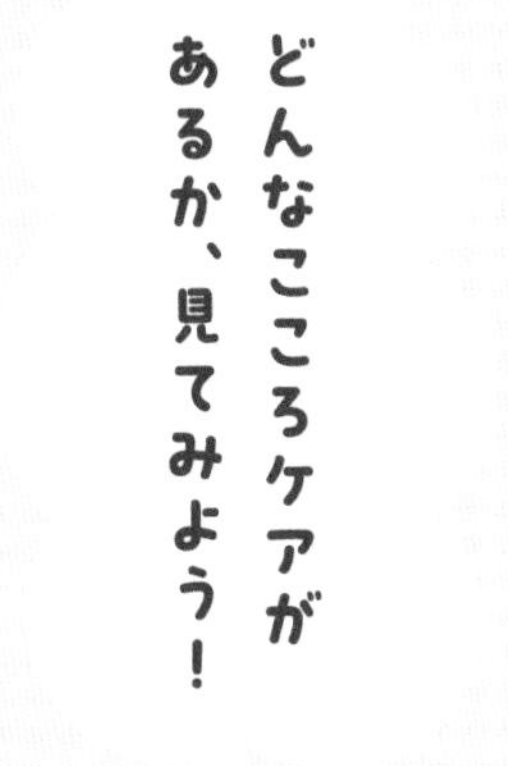

いまの気持ち 1

テストでいい点が取りたい！

どうしてテストでいい点が取りたいの？

勉強はがんばってるつもりだけどテストの点がよくないの

テストや試験《しけん》の結果《けっか》が、自分の進路に関《かか》わるから気になるんだ

「テストでいい点を取りたい」と思う理由には、「勉強したのに思ったような点数が取れない」「いつもは解《と》けるのに、テストになると答えが出てこない」などのなやみがあるのかもしれません。もしくは、「入りたい学校があるから」「将来《しょうらい》に関係《かんけい》してくるから」など、テストから未来《みらい》を見すえている声も聞こえてきそうですね。また、「頭がいいと思われたい」といった周《まわ》りの視線《しせん》を気にしている人もいるかもしれません。

テストでいい点数を取るヒントは、もしかするとそのなやみのなかにあるのかもしれません。「テスト（TEST）」は日本語で「試《ため》す」という意味。**あなた自身の力をうまく引き出し、その可能性《かのうせい》を試《ため》すため、なやみと向き合ってみましょう。**

こころケア 1-1 124ページ　1-2 126ページ　1-3 128ページ

Doctor
Perfect Score
School
100
100

こころケア 1-1

小さな成《せい》功《こう》体《たい》験《けん》を重ね 自《じ》信《しん》と実力をつけよう

目標《もくひょう》点数を決めて紙に書き出してみよう

「高得点《こうとくてん》を取りたい」となんとなく思うのではなく、それぞれの教科ごとに目標点《もくひょうてん》を決めてみましょう。「自分はこれが得意《とくい》だから、80点以上《いじょう》を目指そう」「この教科は苦手だから、まずは前回より10点アップを目指そう」というような具体的《ぐたいてき》な目標《もくひょう》を決めてみてください。そして、その**点数を書き出した紙を見える場所にはっておくと、テスト勉強のやる気や、目標《もくひょう》に対して行動する意欲《いよく》を高く保《たも》ち続《つづ》けることができます。**

学校生活のなかで、テストは何度も行われます。

回数を重ねるうちに、「この教科は得意《とくい》だけど、この内容《ないよう》は苦手だな」とか「意外とこの教科のこの内容《ないよう》は得意《とくい》かもしれない」と自分の可能性《かのうせい》に気づくこともあると思います。それをもとに、目標《もくひょう》点《てん》を高くしたり、あえて低《ひく》くしてその代わりにほかの教科を高くしてみたりして、自分の力を探《さぐ》ってみましょう。

まずは低《ひく》い目標《もくひょう》から じょじょにクリアしていこう

なかには、いつも目標点《もくひょうてん》を決めてテストにいどんでいる人もいるかもしれませんね。それでも、目標点《もくひょうてん》を達成《たっせい》できずになやんでいるなら、その目《もく》標《ひょう》が高すぎる可能性《かのうせい》があります。

たとえば、ふだん50点くらいの点数の人が、いきなり80点や90点を取るということは、なかなか難《むずか》しいです。しかし本人は、その目標《もくひょう》のために努《ど》力《りょく》してきたので、達成《たっせい》できなかったときに、ひどく落ちこんでしまいます。「やっぱり自分にはムリなんだ」とあきらめてしまう人もいるかもしれません。

そうならないために、まずは低《ひく》い目標点《もくひょうてん》からクリアしていきましょう。**「目標《もくひょう》をクリアした」という成功体験《せいこうたいけん》は、たとえ小さな体験《たいけん》だったとしても、積《つ》み重ねていくうちに自信《じしん》となります。**

覚《おぼ》えておいてほしいのは、テストはあくまで「その時点の到達度《とうたつど》を試《ため》す」ものであり、その点数があなたの能力《のうりょく》を決めるのではないということです。いい点数でなかったとしても、必要以上《ひつよういじょう》に落ちこまなくて大丈夫《だいじょうぶ》。むしろ**自分の得意《とくい》と不得《ふとく》意《い》を知る材料《ざいりょう》にするくらいの気持ちで、テストに向き合ってみましょう。**前向きに日々の授業《じゅぎょう》やテスト勉強に取り組むことで、しっかりと実力を発揮《はっき》できるのではないでしょうか。

こころケア 1-2

テストに向けての準《じゅん》備《び》をきちんとやっておこう！

十分な睡《すい》眠《みん》が考える力を、朝食が集中力を高める

いつもは解《と》けているはずの問題が、テストになるとなぜか急に解《と》けなくなってしまう原因《げんいん》は、もしかすると、テスト時間以外《いがい》にあるのかもしれません。まずはテストを受ける前の行動を、一度ふり返ってみましょう。

たとえば、テストの前日は十分にねむれているでしょうか。わたしたちの脳《のう》は、ねむっている間に、脳《のう》にたくわえられた情報《じょうほう》を整理しようとします。そのため、**睡眠《すいみん》が不足《ふそく》していると頭のなかの情報《じょうほう》が整理されず、考える力が低下《ていか》**し、問題の解《と》き方がわからなくなってしまうことも考えられます。

また、テスト当日の朝食も重要《じゅうよう》です。朝ごはんを食べている人と食べていない人をくらべると、きちんと食べている人のほうが成績《せいせき》がよくなるという調査結果《ちょうさけっか》があります。これは、**朝ごはんを食べることで、集中するのに必要《ひつよう》な血糖値《けっとうち》（血液《けつえき》のなかにあるぶどう糖《とう》の量《りょう》）が朝から安定する**からだと考えられます。

ですから、テスト前日は勉強を早めに終えて、しっかり睡眠《すいみん》をとるようにしてください。そして、当日は朝食をきちんと食べて、万全《ばんぜん》な体調でテストに臨《のぞ》みましょう。

やる気が出ないときはまず10分やってみる

テスト勉強も重要《じゅうよう》ですが、そもそも勉強する気が起きないというなやみもありますよね。そのときは、「10分だけ」と時間を決めて勉強してみましょう。

やる気が出ないときは、始めるまでが一番難《むずか》しいので、**とりあえず手を動かして勉強しているうちに、自然《しぜん》とやる気が出てくる**ことも多いです。好《す》きな教科や、簡単《かんたん》に解《と》けそうな問題から取りかかるとよいでしょう。

そのほか、スマホやマンガ、ゲームなど気が散《ち》ってしまうものを片《かた》づけて、勉強する環境《かんきょう》を整えたり、好《す》きな音楽を1曲だけ聴《き》いてテンションを上げたりするのも、やる気を出すのに効果的《こうかてき》です。

また、勉強した時間や問題集が何ページ進んだかなどをメモして、**自分が勉強した量《りょう》を目に見える形で記録《きろく》しておく**こともおすすめです。

こころケア 1-3

周《まわ》りの視線《しせん》は気にせず冷静《れいせい》な態度《たいど》でテストに臨《のぞ》む

目標《もくひょう》にたどり着く道はひとつじゃない

「将来《しょうらい》こんな仕事がしたい」「将来《しょうらい》の選択肢《せんたくし》を増《ふ》やしたい」といった思いから、テストに真剣《しんけん》に取り組んでいる人もいるでしょう。目標《もくひょう》に向かってなにかを続《つづ》けることは大切なことで、その努力《どりょく》はかならずあなたの力となります。また学力が高いほどに、将来《しょうらい》の選択肢《せんたくし》が広がるのも事実です。

たとえば「医師《いし》になりたい」「弁護士《べんごし》になりたい」という場合は、その仕事に必要《ひつよう》な学力が求《もと》められます。そのため、そうした気持ちが強くなることもあるかもしれません。ですが、結果《けっか》が出ないと積《つ》み上げてきたものがすべてムダになるわけではないということは、覚《おぼ》えておいてください。

　あなたの目標《もくひょう》が医療《いりょう》分野で人を救《すく》うことや、法律《ほうりつ》を使って弱い人を守ることなのであれば、医師《いし》や弁護士《べんごし》以外《いがい》の職業《しょくぎょう》でも可能《かのう》です。テストでいい点を取って医師《いし》や弁護士《べんごし》になるという道だけでなく、ちょっとまわり道をしたり、別《べつ》の道を行くことで夢《ゆめ》を実現《じつげん》することもできます。**テストの結果《けっか》だけが、あなたの将来《しょうらい》を決めるわけではない**のでプレッシャーに思いすぎないでくださいね。

成績《せいせき》は、他人とではなく過去《かこ》の自分とくらべる

「周《まわ》りからかしこいって思われているから、テストで悪い点は取れない」「バカにされたくないから、テストでいい点を取りたい」と考えている人もいるでしょう。周囲《しゅうい》からの視線《しせん》が気になって、テストによけいな力が入ってしまい、実力が出せていないのかもしれません。

　だれかとくらべてしまったり、周囲《しゅうい》との差《さ》を気にしてしまったりする気持ちもわかります。しかし他人とくらべてしまうと、「アイツより点数がいい自分は、まだマシなほうだ」といったように、だれかを使って自分の実力をはかるようになるおそれがあります。そうすると、そのだれかのよさを見失《みうしな》ったり、自分の実力を過信《かしん》したりすることにもつながります。成績《せいせき》や実力は、他人とくらべずに、過去《かこ》の自分といまの自分をくらべてどうかを考えましょう。そうすれば、**意識《いしき》が周《まわ》りから自分自身に変《か》わって、より冷静《れいせい》にテストを受けられる**はずです。

いまの気持ち

2

試合《しあい》でいっぱい活躍《かつやく》したい！

あなたはどうして試合《しあい》で活躍《かつやく》したいのかな？

みんなの注目を集められてかっこよくない？

本気でプロになりたいから実力を発揮《はっき》したいの！

熱中《ねっちゅう》できる部活や習い事がある人は、試合《しあい》や発表会のときは、練習で積《つ》み上げてきた実力を発揮《はっき》したいと気合いが入るでしょう。その気持ちはとても大切で、毎日のモチベーションにもつながります。

その半面、だれかの注目を浴《あ》びるために、そうした舞台《ぶたい》に臨《のぞ》んでいる人もいるかもしれません。また、勉強があまり得意《とくい》じゃないから、気持ちを勉強以外《いがい》に向けようとしている人もいるかもしれませんね。

そうした気持ちをプラスに変《か》えて、実力を引き出すことは、とてもよいことです。そのために、**試合《しあい》や発表会で結果《けっか》を出したい理由をはっきりさせておきましょう。そうすると、やるべきことが見えてきて、日頃《ひごろ》の練習にもさらに磨《みが》きがかかります。**

こころケア 2-1 132ページ
2-2 134ページ
2-3 136ページ

10
10
チーム
ワーク
ドリブル
リフティング
シュート
全国大会
に
でる!!
集中力
積極性
スピード
ラダー＆
アジリティ

こころケア 2-1

みんなで成功《せいこう》することがあなたの活躍《かつやく》につながる

みんなで活躍《かつやく》ができる戦《たたか》い方を考えよう

学校のテストとちがい、団体競技《だんたいきょうぎ》の部活や習い事によっては、チームでの成功《せいこう》が求《もと》められることもあります。そのため、みんなからの注目を集めるためには、まずはみんなで活躍《かつやく》することが大切になります。

あなたひとりで活躍《かつやく》したとしても、あなたが所《しょ》属《ぞく》するチームが負けてしまったり、もし勝ったとしてもほかのメンバーがその勝利《しょうり》を喜《よろこ》べないことが起きたりしたら、それは残念《ざんねん》なことです。あなたが注目を集めること以上《いじょう》に、まずは周《まわ》りの仲間《なかま》もふくめて、みんなの活躍《かつやく》が注目されるような戦《たたか》い方を考えましょう。そうすれば、**試合《しあい》に臨《のぞ》むための気持ちをみんなで高め合うことができ、その結果《けっか》、あなたの活躍《かつやく》にもつながる**はずです。また、仲間《なかま》からは「アイツがいるとがんばれる」「チームを引っ張《ぱ》ってくれる」と、一目置《お》かれる存在《そんざい》にもなるでしょう。

おたがいを高め合える環境《かんきょう》づくりをしよう

また、個人競技《こじんきょうぎ》だったとしても、自分の成績《せいせき》のことばかり考えてしまって、いっしょの部活や習い事をしているメンバーのことが目に入らなければ、「能力《のうりょく》を引き出せる環境《かんきょう》」をあなた自身で手放してしまうおそれがあります。

たとえば、あなたのよさや弱点に気づいた仲間《なかま》がいたとします。しかしあなたは自分の技術《ぎじゅつ》を高めることばかりに気持ちが向いて、あまりその子と話ができていないかもしれません。そうすると、あなたをもっと高めてくれるかもしれないヒントやアドバイスを伝《つた》えてもらえないまま試合《しあい》や発表会にいどむことになるでしょう。

試合《しあい》や発表会で結果《けっか》を出して、注目を集めたいなら、まずはあなたが周囲《しゅうい》に注目してみてください。そして、**メンバーのことを理解《りかい》して、あなたのことも理解《りかい》してもらえる関係性《かんけいせい》をつくりましょう。**

そうすることで、**あなたの能力《のうりょく》を最大限《さいだいげん》発揮《はっき》するための人間関係《かんけい》や環境《かんきょう》が整っていきます。**

こころケア 2-2

プロを目指すなら勉強も大切にしよう

成長《せいちょう》になにが必要《ひつよう》か分析《ぶんせき》することが大事

部活や習い事を続《つづ》けるなかで、プロを目指す人もいるでしょう。そういう人は、試合《しあい》や発表会で結果《けっか》を残《のこ》すために、毎日の練習に力を入れていることかと思います。

覚《おぼ》えておいてほしいのは、目標《もくひょう》に向かって努力《どりょく》することはとても大切だということ。あの有名な発明家のエジソンは、「わたしは失敗《しっぱい》したことがない。ただ、1万通りのうまくいかない方法《ほうほう》を見つけただけだ」と言ったそうです。試合《しあい》や発表会などで結果《けっか》を残《のこ》せなかったときに落ちこむのではなく、そこから自分が成長《せいちょう》するにはどうすればいいかを分析《ぶんせき》してみましょう。

ときには自信《じしん》を失《うしな》ったり、自分がイヤになったりすることもあるでしょう。そのたびに**自分を分《ぶん》析《せき》して、自分の能力《のうりょく》を高め、成果《せいか》に結《むす》びつけられた人たちがプロとして活躍《かつやく》**しているのではないでしょうか。

プロで必要《ひつよう》になる能力《のうりょく》を育てるための勉強

「プロになるために勉強は必要《ひつよう》なさそうだから、ほどほどでいいや」と考える人もいるかもしれませんね。ところが、勉強はどういう道に進むとしても必要《ひつよう》になります。

たとえば、先ほどお伝《つた》えした**自分を分析《ぶんせき》する力は、算数や数学によって強化**されます。また、戦《せん》術《じゅつ》を考えるときに必要《ひつよう》となる思考力《しこうりょく》も強化されます。算数や数学を学ぶのは、早く的確《てきかく》に数式を解《と》くためだけではなく、あたえられた問題に冷静《れいせい》に対応《たいおう》できるようになる力を育むためでもあります。**国語は監督《かんとく》やチームメイトの言葉の意図を読み取る力を育みます**し、**英語《えいご》は世界進出や海外選手《せんしゅ》のいるチームに所属《しょぞく》したときのことを考えると必要《ひつよう》**になってきます。

このように、どんな科目もあなたが目指すプロの世界で必要《ひつよう》になる力を育ててくれます。プロの道に進むからとそこまで勉強の成績《せいせき》にこだわってこなかった人も、日頃《ひごろ》の授業《じゅぎょう》はあなたの能力《のうりょく》を向上させるものとして、積極的《せっきょくてき》に取り組んでみてはいかがでしょうか。

こころケア 2-3

緊張《きんちょう》をほぐす方法《ほうほう》を使って よゆうをもとう

4秒かけて息を吸《す》い、4秒かけてはいてみよう

数分間、くり返し行いましょう。

約《やく》10秒グッと体に力を入れ、力を抜《ぬ》いてみよう

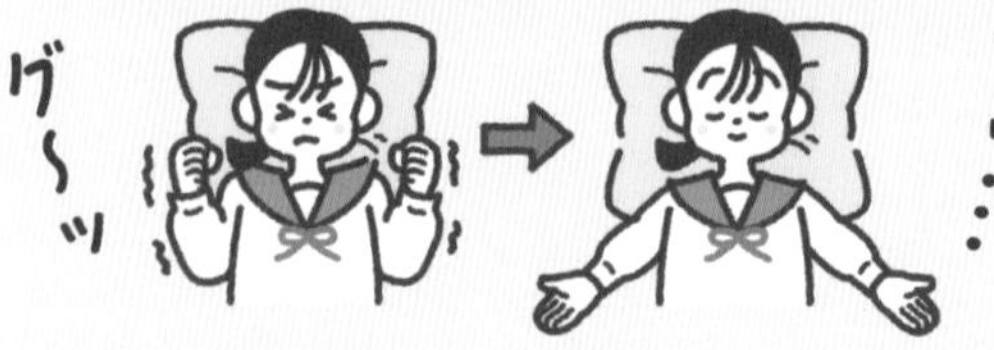

基本《きほん》は1回でOK。とくに緊張《きんちょう》しているときは2〜3回くり返しましょう。

呼吸《こきゅう》と筋肉《きんにく》を整えて リラックスを！

学校のテストとはちがって、試合《しあい》や発表会の場では大勢《おおぜい》の人から注目されることが多いのではないでしょうか。家族や友人、コーチや先生、あるいはその道のプロが見ている、なんてことも考えられますね。いつもとはちがう状況《じょうきょう》に、あなたは緊張《きんちょう》して、いつもならできることでも失敗《しっぱい》してしまうかもしれません。

緊張《きんちょう》を感じると、人は体にたくさんの酸素《さんそ》を送ろうとして呼吸《こきゅう》が荒《あら》くなります。そのとき息苦しさを感じ、不安《ふあん》が強くなることがあるのです。

そんなときは、呼吸《こきゅう》を整える方法《ほうほう》を試《ため》してみましょう。4秒かけてゆっくり息を吸《す》って、4秒かけてゆっくりはきます。息をはくほうに集中すると、リラックス効果《こうか》が高まります。それを数分間、くり返してみてください。

この呼吸方法《こきゅうほうほう》でうまく緊張《きんちょう》がほぐれない人は、筋肉《きんにく》をゆるめて体をリラックスさせましょう。体の筋肉《きんにく》に「グ～ッ」と10秒ほど力を入れたあと、フッと力を抜《ぬ》いてみてください。力を入れたときに息を止めないようにすることがポイントです。

こうした**緊張《きんちょう》をほぐす方法《ほうほう》を、いつもの練習とセットで試《ため》しておきましょう。そうすることで、本番でも成功《せいこう》する確率《かくりつ》がグッと上がります。**

アドバイスを聞き入れて課題《かだい》を見つけよう

リラックスして練習や試合《しあい》、発表会にいどめば、コーチや先生の指導《しどう》を聞き入れるよゆうも出てきます。コーチや先生の言葉を理解《りかい》しているつもりでも、実際《じっさい》にやってみるとうまくできない、なんてことはよくあります。練習中であれば、**アドバイスを書き出して、自分はなにができていないか、自分になにが不足《ふそく》しているのかを整理**しましょう。

また、チームメイトや友人に見てもらって、自分の考えている動きや表現《ひょうげん》となにがちがうのかを考えると課題《かだい》が見つけやすいかもしれません。

試合《しあい》や発表会は、あなたにとって重要《じゅうよう》なものだと思います。ですが、その場がすべてだと思いこみすぎないようにしましょう。あなたの「好《す》き」を表現《ひょうげん》する舞台《ぶたい》です。楽しむことを忘《わす》れずに。

書き出そう

試合《しあい》のふり返り

・コーチのアドバイス
まわりが見えていない
・できていないこと
いしきはしているけど、見ることはできていない
・なぜできないのか？
できるようになるためにどうするか？
・よゆうをもてていない
↳まわりを見られるくらいドリブルがうまくなるよう練習する

いまの気持ち 3 夢《ゆめ》や目《もく》標《ひょう》を見つけたい！

どうして突然《とつぜん》、夢《ゆめ》や目標《もくひょう》を見つけたいって思ったの？

やりたいことを楽しんでいる友だちがうらやましいんです

夢《ゆめ》や目標《もくひょう》がない自分って空っぽな感じがする……

これまで意識《いしき》していなかった夢《ゆめ》や目標《もくひょう》に、あこがれるようになるのはどうしてでしょう。もしかすると、身近にいる**友だちがなにかに熱中《ねっちゅう》する姿《すがた》を見て、あせっている**のかもしれません。また、**なにかを達成《たっせい》して注目されたり評価《ひょうか》されたりしている人が近くにいて、うらやましくなった**のかもしれませんね。

あなたと同世代で活躍《かつやく》している人たちをテレビなどで目にして、自分とくらべてしまう人もいるかと思います。あるいは**周《まわ》りからくらべられ、夢《ゆめ》や目標《もくひょう》のない自分がイヤになっている**人もいるかもしれません。

どんなきっかけでも、目指すべきなにかを見つけたいと思うことはよいことです。夢《ゆめ》や目標《もくひょう》を見つけるためのヒントを紹介《しょうかい》していきます。

こころケア 3-1 140ページ　3-2 142ページ　3-3 144ページ

こころケア 3-1

自分の「好《す》き」に目を向けると夢《ゆめ》や目標《もくひょう》の種《たね》が見つかる！

「楽しい」を深掘《ふかぼ》りしてみよう

勉強やスポーツ、芸術《げいじゅつ》など、何事に対しても自分の好《す》きなことに目標《もくひょう》を定めて取り組んでいる人は、魅力的《みりょくてき》に見えますね。そういう人にあこがれているなら、まず**自分がやっていて楽しいと感じられるものから目標《もくひょう》を見つけてみましょう。**

たとえば、料理《りょうり》が好《す》きな人は「オリジナルレシピを100品考えてみる」とか、自転車が好《す》きな人は「どこまで行けるか挑戦《ちょうせん》してみる」といったことでもステキだと思います。それが周《まわ》りからあまり評価《ひょうか》されなくても、あなた自身のやりがいや、大きな夢《ゆめ》の発見につながるかもしれません。

ポイントは、**夢《ゆめ》や目標《もくひょう》を達成《たっせい》して多くの人から注目されたいからと、いきなり大きな目標《もくひょう》を設定《せってい》しないこと**です。大きな目標《もくひょう》を立ててしまうと、なかなか達成《たっせい》できずイヤになってしまうかもしれません。それで好《す》きなことをあきらめてしまうのはもったいないですよね。

まずは「料理《りょうり》のオリジナルレシピを1品つくってみよう」とか、「自転車で行ったことのないところまで行ってみよう」など、小さな目標《もくひょう》から少しずつ、自分が達成《たっせい》できそうなことを積《つ》み重ねていきましょう。その小さな達成《たっせい》が、やがて大きな夢《ゆめ》や目標《もくひょう》へと結《むす》びついていきます。

目標《もくひょう》をクリアしたら次に進もう

目標《もくひょう》を達成《たっせい》したときに、人とくらべないようにすることも大切です。どんなに大きな目標《もくひょう》を達成《たっせい》したとしても、それはあくまでも、あなたの人生の中間地点。もしかすると、スタート地点かもしれません。目標《もくひょう》をひとつ達成《たっせい》したら、他人ではなく、また別《べつ》の目標《もくひょう》に目を向けて新たな一歩をふみ出しましょう。想像《そうぞう》もつかないような、すばらしいゴールがあなたを待っているかもしれません。

好《す》きなことが夢《ゆめ》や目標《もくひょう》に結《むす》びついたとき、気をつけなければいけないことがあります。それは、夢《ゆめ》や目標《もくひょう》を達成《たっせい》しようと思うばかりに、自分の好《す》きなことを楽しめなくなってしまうことです。

あなたの好《す》きなものは、あなたのいまを充実《じゅうじつ》させるものです。もしも、**好《す》きなことであなたが苦しい思いをしそうになったときは、その目《も》標《ひょう》からいったんはなれ、休憩《きゅうけい》することも大切**です。

こころケア 3-2

あきらめそうになったら 自分で自分をはげまそう

シミュレーションしながら あなたの可能性《かのうせい》を探《さぐ》ろう

大きな夢《ゆめ》を達成《たっせい》できる人はごく一部で、その人たちには特別《とくべつ》な才能《さいのう》が備《そな》わっているのかもしれません。しかし才能《さいのう》を発揮《はっき》するために、相当な時間を使って勉強したり、練習を重ねたりしているはずです。そうした人たちの姿《すがた》を想像《そうぞう》して、夢《ゆめ》や目《もく》標《ひょう》というものに尻《しり》ごみしそうになるのは、当然《とうぜん》だと思います。

ですが、才能《さいのう》の有無《うむ》はほかの人にも、自分自身でさえもわからないものです。もしかすると、そうした人たち以上《いじょう》の可能性《かのうせい》があなたにはひそんでいるかもしれません。勇気《ゆうき》を出して挑戦《ちょうせん》し、自分自身の可能性《かのうせい》を探《さぐ》っていきましょう。

一度、**夢《ゆめ》や目標《もくひょう》を達成《たっせい》した自分がどういう存在《そんざい》になっているかを書き出し、シミュレーション**してみましょう。そのときのあなたはどんな気持ち、どんな姿《すがた》になっているでしょうか。未来《みらい》のあなたを実現《じつげん》するチャンスが、日々の生活のなかにあるのかもしれません。

夢《ゆめ》や目標《もくひょう》が見つかりそうなのに、あきらめてしまっている人は、まず挑戦《ちょうせん》してみてください。その行動を続《つづ》けているうちに、あなたに合った夢《ゆめ》や目標《もくひょう》がきっと見つかります。

「どうせムリ」はNGワード

せっかく夢《ゆめ》や目標《もくひょう》が見つかりそうになったとしても、「どうせムリだよ」「達成《たっせい》できるわけない」とあきらめてしまう人も多いでしょう。そうした人のなかには、小さな目標《もくひょう》を立て、その先の目標《もくひょう》をもったときに、「やっぱりムリだ」と思った人や、その先にある夢《ゆめ》が見つけられず夢《ゆめ》や目標《もくひょう》につながらないという人もいるかもしれませんね。

自分の夢《ゆめ》や目標《もくひょう》に対して、**達成《たっせい》できないかもしれないと感じても、まずは勇気《ゆうき》を出して進んでみてください**。どんなことでもなにかに熱中《ねっちゅう》したことのある人は、その経験《けいけん》を別《べつ》のなにかに生かせます。もし目指す夢《ゆめ》や目標《もくひょう》に届《とど》かなかったとしても、あなたが重ねてきた経験《けいけん》はけっしてムダにはなりません。

また、どんなに上手な人でもやめてしまう人も多いのです。あなたが好《す》きなことを続《つづ》ければ、それだけでそれはすばらしい才《さい》能《のう》です。

こころケア 3-3

好《す》きなことが見つからない理由をじっくり考えてみよう

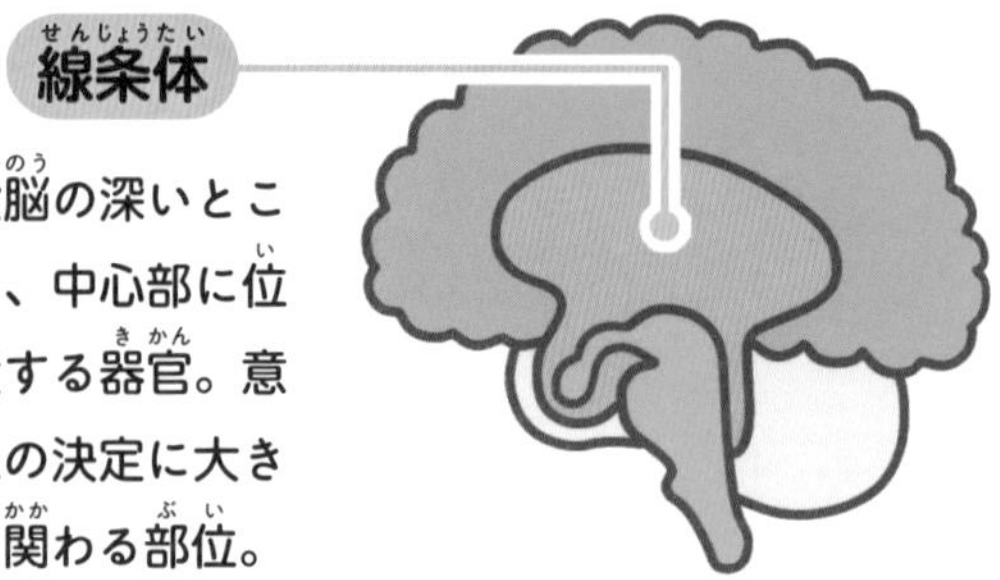

大脳《だいのう》の深いところ、中心部に位《い》置《ち》する器官《きかん》。意思の決定に大きく関《かか》わる部位《ぶい》。

ひどくだれかに否定《ひてい》されたり、怒《おこ》られたりすると、線条体《せんじょうたい》があまり動かなくなり、意欲《いよく》が失《うしな》われてしまいます。

好《す》きだったものを再開《さいかい》してみよう

2022年の経済産業省《けいざいさんぎょうしょう》のデータによると、世界の18歳未満《さいみまん》の人を対象《たいしょう》に「将来《しょうらい》の夢《ゆめ》をもっているか」とたずねたところ、答えられなかった人は、日本だと4割《わり》ほどでした。対してアメリカやイギリス、ドイツといったほかの国では、約《やく》1～2割《わり》でした。このようなデータになった理由のひとつとして、日本にはなにかに取り組んでいる人のミスやまちがいを、きつく注意したり、抑圧《よくあつ》するような教え方をする人が多いということが考えられています。もしかすると、あなたも好《す》きなものに熱中《ねっちゅう》していたときに、だれかにひどく怒《おこ》られたことがあるのではないでしょうか。

人の意欲《いよく》は、脳《のう》にある「線条体《せんじょうたい》」という神経《しんけい》の動きで決まります。線条体《せんじょうたい》が活発だと、やる気をもってなにかに取り組むことができます。反対に、ひどくだれかに否定《ひてい》されたり、怒《おこ》られたりすると、線条体《せんじょうたい》はあまり動かなくなっていきます。

もしも、**イヤな思い出のせいで好《す》きなことを手放してしまった人**がいるのなら、ムリをしなくても大丈夫《だいじょうぶ》なので、もう一度好《す》きだったものにトライしてみませんか。失敗《しっぱい》を**きつくしかる人のいないなかで、だれにもじゃまされず楽しむことができれば、あなたが輝《かがや》いていたときのやる気も少しずつ引き出される**かもしれません。忘《わす》れていた夢《ゆめ》や目標《もくひょう》も、取りもどせるかもしれません。

毎日をていねいに過《す》ごしてみよう

イヤな思い出のせいで夢《ゆめ》や目標《もくひょう》を失《うしな》ったわけではなく、好《す》きなことも、小さな目標《もくひょう》もなかなか見つからないという人も、きっといることでしょう。もしかするとそうした人は、まだその機会《きかい》に出合っていないのかもしれません。

毎日はけっして同じではありません。**ある日突《とつ》然《ぜん》、あなたが「ビビッと感じるなにか」とたまたま出合う**ことだってあります。ですので、夢《ゆめ》や目《もく》標《ひょう》がないことにあせらなくて大丈夫《だいじょうぶ》ですからね。

見つけるきっかけに出合いやすくなるように、1日1日をていねいに過《す》ごしてみてはどうでしょう。そうすれば、日々の勉強や遊びのなかで「これを達成《たっせい》してみたい」と思える瞬《しゅん》間《かん》を見つけられるかもしれません。

いまの気持ち

4 交友関係《かんけい》を広げたい！

友だちを増《ふ》やしたいのは
どうしてだろう？

「好《す》きなこと」を共有《きょうゆう》できる
友だちがほしいのよね

年上の人と仲《なか》がいい人って
大人な感じがしてかっこいい！

友だちが多い人をステキに感じたり、いろいろな世代の人と仲《なか》よくしたいと思ったりする気持ちはよくあることです。ふだん同じ人とばかりいっしょにいる人は、だれとでも仲《なか》よくしている人に「すごいな」と感心することもあるでしょう。また、自分の「推《お》し」や「好《す》きなもの」を共有《きょうゆう》できる、同士《どうし》のような存在《そんざい》を増《ふ》やしたい人もいるかもしれません。

多くの人と関《かか》わると、さまざまなタイプの人がいると知ることができるので、人間関係《かんけい》を広げるのはステキなことです。しかし、人がかかえるなやみのほとんどが人間関係《かんけい》といわれるほど、人づき合いは簡単《かんたん》ではありません。ムリせずあなたのペースで、多くの人と接《せっ》するにはどうすればいいのか考えてみましょう。

こころケア 4-1 148ページ　4-2 150ページ　4-3 152ページ

こころケア

4-1

相手と共通《きょうつう》の「好《す》き」が交流を深めるきっかけになる

「好《す》き」をアピールすれば出会いのチャンスがくる

自分がいま熱中《ねっちゅう》していることや、夢中《むちゅう》になっている人について語り合いたい。そう思っている人はとてもたくさんいるはずです。クラスメイトや身近な人のなかで、同じ趣味《しゅみ》の人がいない場合は、とくにそう思うかもしれませんね。

あなたは、その「好《す》きなこと」について、周《まわ》りに話していますか？　あなたが知らないだけで、じつは同じ趣味《しゅみ》をもつ友人がいるかもしれません。でも、**あなたが好《す》きなことについて話していないため、そうした人とうまく出会えていない可能性《かのうせい》**

があります。まずは自分の「好《す》き」をアピールしてみましょう。

友だちづくりの基本《きほん》はあいさつですが、あまり話したことのない人には、あいさつすらハードルが高い……と感じる人もいることでしょう。そういう人は、自分の好《す》きなキャラクターや推《お》しのアイテムを身につけてみましょう。もしかすると、「それ、好《す》きなの？」と話しかけてもらえるかもしれません。

自分の「好《す》き」だけじゃなく ほかの人の「好《す》き」も聞こう

そのときに、**あまり自分の「好《す》き」を一方的《いっぽうてき》に話しすぎない**ようにしましょう。同じ趣味《しゅみ》をもっていても、好《す》きなポイントは少しちがっているかもしれません。どんなところが好《す》きなのか、好《す》きになったきっかけはなにかなど、あなたから聞いてみましょう。そうして、おたがいのことを知り合えたら、より深いつながりが生まれます。

ネットやSNS《エスエヌエス》では、好《す》きなことを話し合える友だちがたくさんいる、という人もいるかもしれませんね。そうした関係性《かんけいせい》も大切です。しかし、顔が見えない相手という点では、現実《げんじつ》の世界での友人関係《かんけい》より少しこわいところもありますので、注意してつき合っていくようにしましょう。

また、自分とはちがう趣味《しゅみ》に熱中《ねっちゅう》している人とも、関係《かんけい》をつくってみましょう。**あなたが知らない世界の魅力《みりょく》を教えてくれる友だちは、とてもすばらしい**ものです。そうした存在《そんざい》になってくれそうな人がいたら、その「好《す》き」について、あなたからたずねてみてください。意外な関係性《かんけいせい》を築《きず》くきっかけが生まれるかもしれません。

こころケア 4-2

人間関係《かんけい》を広げる場を学校外に広げてみよう

先《せん》輩《ぱい》やご近所さんなどに目を向けてみて

同じ学校の先輩《せんぱい》や近所の大人など、**自分とちがう世代の人と話してみたい、仲《なか》よくなってみたいと思う人は、ふだんの行動を変《か》えて**みてはどうでしょうか。

たとえば朝起きる時間を少し早くしたり、通学路のルートを変《か》えたりしてみてください。すると、朝に自主練習している先輩《せんぱい》に会ったり、登校中にいつもは会わない近所の人とあいさつできたりするかもしれません。

また、**あなたが住んでいる地域《ちいき》の行事やボラン**

ティアなどに参加《さんか》することで、いろいろな人と出会うきっかけが得《え》られます。行事の場だと、知らない人とでも話しやすく、仲《なか》よくなるきっかけになるかもしれません。

人間関係《かんけい》を広げる場は、かならずしも学校のなかだけではありません。視野《しや》を広げれば、あなたは生活のなかでたくさんの人と接《せっ》していることに気づくことでしょう。

あなたの可能性《かのうせい》を広げる 年のはなれた友人

年のはなれた人と仲《なか》よくなることは、あなたの可能性《かのうせい》を広げるチャンスかもしれません。たとえば、人見知りだと自分では思っていても、じつは年がはなれている相手だと、意外と積極的《せっきょくてき》に話せるということに気づくこともあります。

同年代じゃない友だちは、**あなたの知らないことや、あなたがいまなやんでいることの解決方法《かいけつほうほう》を教えてくれたり、迷《まよ》っているあなたの背中《せなか》を押《お》してくれたり、たよりになる存在《そんざい》**になるでしょう。

そのおかげで、あなたの世界が広がったり、新しいことに挑戦《ちょうせん》できたりするかもしれませんね。また、あなたの身になにかあったとき、あなたの身近にいる仲《なか》のいい大人が、助けてくれるということもあるでしょう。

もちろん、知らない大人や、あなたに対してあやしい行動を取る大人には、十分な注意が必要《ひつよう》です。話を聞いてくれる、相談に乗ってもらえるからと、ネットやSNS《エスエヌエス》で知り合った人とすぐ会わないようにこころがけてください。困《こま》ったことがあったら、両親や先生、クラスメイトなど、信《しん》用《よう》できる人にすぐ相談しましょう。

こころケア 4-3

いまの交友関係《かんけい》をあらためて見つめ直そう

楽しくない友だち関係《かんけい》はムリして続《つづ》けなくてOK

「みんなと仲《なか》よくしなきゃ」と思いすぎて、自分と意見が合わない人とも、ムリして合わせようとしてしまうという人も少なくないでしょう。また、「目立つグループにいたい」と、自分の性格《せいかく》とは合わない友だちと我慢《がまん》していっしょにいる、という人もいるのではないでしょうか。

　ムリして続《つづ》けている友だち関係《かんけい》は、あなたをつかれさせているかもしれません。友だち関係《かんけい》はあくまで、あなたがこころから楽しいと感じられるものであるべきです。また、あなたを支《ささ》えてくれたり、あなたが支《ささ》えてあげたりし合える関係性《かんけいせい》のことです。

あなたがムリをしている関係性《かんけいせい》は、いっしょに遊ぶ回数を減《へ》らすなど、勇気《ゆうき》を出して少しずつ手放していくことをおすすめします。「みんな仲《なか》よく」を意識《いしき》しすぎないことが大切。仲《なか》よくできない人がいたっていいのです。

周《まわ》りと助け合っているという感《かん》覚《かく》が、幸せに生きるコツ

あなたが気づいていないだけで、じつはいまこの瞬間《しゅんかん》も、十分広い人間関係性《かんけいせい》をつくっているのかもしれません。アドラーという有名な心理学者は、「**わたしたちは助け合って生きている、つながっている**」**という感覚《かんかく》**が幸せに生きるためのポイントであると伝《つた》えています。

たとえばクラスで消しゴムを忘《わす》れてきた人に、あなたが自分の消しゴムを貸《か》してあげたり、反対にあなたが教科書を忘《わす》れたときに、だれかに見せてもらえたりすると、この感覚《かんかく》を味わえます。

もし**このような感覚《かんかく》を当たり前のように感じられているのなら、すでにもう、あなたはクラスのなかで大きなつながりをつくれている**のかもしれません。「みんな仲《なか》よくしなきゃダメ」と考えなくても大丈夫《だいじょうぶ》。困《こま》っているクラスメイトがいれば、あなたとその人が仲《なか》よしだといえなかったとしても助けてあげられる、逆《ぎゃく》に、その人から自分も助けてもらえると感じられるように、周《まわ》りの人と学校生活を過《す》ごしましょう。

幸せに生きるためのポイント

ありのままの自分を受け入れること

ありのままの相手を受け入れること

他人に親切にすること

いまの気持ち

5 新しいことに挑戦《ちょうせん》したい！

どうして急に新しいことに挑戦《ちょうせん》したいと思ったの？

いままでの自分じゃない姿《すがた》で注目を集めてみたいの！

新しいことをすれば自分を変《か》えられる気がして

「ギターが弾《ひ》けるなんてかっこいい！」「英語《えいご》が話せるってステキ」というように、自分にできないことができる人は魅力的《みりょくてき》に見えますね。そうした人たちの姿《すがた》にあこがれ、自分も新しいことに挑戦《ちょうせん》しようと思う人は少なくないでしょう。いまの自分から抜《ぬ》け出すために、ぼんやりなにかに挑戦《ちょうせん》してみたいと考えている人もいるかもしれません。

10代のみなさんには、日々の生活のなかで、たくさんの出会いがあると思います。それはクラスメイトや先生といった人間関係《かんけい》だけでなく、スポーツや芸術《げいじゅつ》などの体験《たいけん》もふくまれます。**たくさんの未経験《みけいけん》のなかから、あなたの可能性《かのうせい》を引き出してくれる体験《たいけん》が見つかれば、とてもラッキー**なことです。

こころケア 5-1 156ページ　5-2 158ページ　5-3 160ページ

Home
Stay

こころケア 5-1

なにかに挑戦《ちょうせん》すること自体に大きな価値《かち》がある

わたしたちの脳《のう》は新しいことを求《もと》めている

みなさんの思う「新しいこと」は、なにも部活や習い事にかぎらないでしょう。「サーフィンをやってみたい」「小説《しょうせつ》を書いてみたい」といった新しい趣味《しゅみ》を見つけようとしたり、「この場所に行きたい」「この料理《りょうり》を食べてみたい」といったことも新しいことにふくまれます。

新しい体験《たいけん》は、あなたの脳《のう》にとってもプラスの効果《こうか》があるのです。脳《のう》は新しいことを求《もと》める性質《せいしつ》があるといいます。その性質《せいしつ》にしたがって新しいことに挑戦《ちょうせん》すると、心地よい気分になる「ドーパミン」という物質《ぶっしつ》が脳《のう》から放出されます。そのため、**新しいことをするときに感じる刺激《しげき》が、脳《のう》をリフレッシュさせて、あなたの能力《のうりょく》を引き出すきっかけになる**と考えられます。

脳《のう》が新しいことを求《もと》める性質《せいしつ》が強いか弱いかは、人によって差《さ》があります。この差《さ》は遺伝的《いでんてき》に決まっているとされており、アメリカ人やヨーロッパ人とくらべてみると、日本人は挑戦《ちょうせん》することが苦手だとされています。

なので、「新しいことに挑戦《ちょうせん》したい」という気持ちそのものが、とても価値《かち》のあるものといえます。その意欲《いよく》を大切にして、いろいろなことに挑《ちょう》戦《せん》してみましょう。

新しい挑戦《ちょうせん》で あなたの世界が広がる

新しいことをやってみることのメリットは、脳《のう》のリフレッシュだけではありません。新しいことへの挑戦《ちょうせん》は、新しい分野に足をふみ入れることでもあります。これまで体験《たいけん》してこなかった領域《りょういき》で、**いままでのあなたが出会ったことのないタイプの人と知り合える可能性《かのうせい》**もあります。そうした人との関係《かんけい》づくりも大切にしながら挑戦《ちょうせん》してみると、技術《ぎじゅつ》を教えてもらえたり、楽しみ方を学べたりして上達《じょうたつ》も速くなることでしょう。

新しいことに挑戦《ちょうせん》することで、**あなたの話のトピックスも増《ふ》えていきます**。そうなれば、これまで話したことのなかったクラスメイトや大人など、いろんな人と話す機会《きかい》につながるでしょう。もしかすると、あなたが挑戦《ちょうせん》したことにあなたの友だちも興味《きょうみ》をもって、同じ道を楽しむ同士《どうし》になることもあるかもしれませんね。

こころケア
5-2

挑《ちょう》戦《せん》とプレッシャーは紙一重！ 重《じゅう》圧《あつ》を自分の力に変《か》えよう

挑《ちょう》戦《せん》できた自分を自分でほめてあげよう

新しいことをしたいと思っても、その第一歩をふみ出すにはかなりの勇気《ゆうき》が必要《ひつよう》です。自分から「やりたい」と思って行動しようとしても、「自分に合わなかったらどうしよう」「ひどい思いをするんじゃないだろうか」と、どこか挑戦《ちょうせん》をためらってしまう自分が出てくるかもしれません。そのこころの動きは、けっしておかしなことではないのです。

そうした心配がプレッシャーになって、ストレスになってしまうのは、とてももったいないこと。

もし**失敗《しっぱい》したり、続《つづ》けられそうになかったりしても、「挑戦《ちょうせん》した」という事実を大切に**してあげましょう。「すぐあきらめたと思われるかも……」と不安《ふあん》に思う人もいるかもしれませんが、そんな周《まわ》りの目は気にしなくて大丈夫《だいじょうぶ》。新しいことに挑《ちょう》戦《せん》できたら、あなた自身をほめてあげてくださいね。

プレッシャーを打ち消す ポジティブな感情《かんじょう》

新しいことへのプレッシャーで不安《ふあん》になったときは、いったん**「その挑戦《ちょうせん》に成功《せいこう》した、あなたの姿《すがた》」を思いうかべてみてください。**そのときのあなたは輝《かがや》いていますか？　楽しそう、うれしそうですか？　そういうシーンを考えていると、自然《しぜん》とポジティブな感情《かんじょう》がわいてくるのではないでしょうか。その感情《かんじょう》が、プレッシャーを弱めてあなたを助けてくれます。

また、あなたの挑戦《ちょうせん》を支《ささ》えてくれる人たちのことも想像《そうぞう》してみましょう。あなたのがんばりを理《り》解《かい》し、**応援《おうえん》してくれる人のことを考えると、あなたは充実《じゅうじつ》した気持ちになる**でしょう。こうした気持ちを忘《わす》れずに、プレッシャーを新しいことに向かうための原動力に変《か》えていってください。

挑戦《ちょうせん》をしていくうちに「ちょっとちがうな」と思ったら、一度立ち止まって考えることも大切にしましょう。このまま続《つづ》けるのか、ちがうことに挑戦《ちょうせん》するか、冷静《れいせい》に判断《はんだん》してくださいね。

こころケア 5-3

「挑《ちょう》戦《せん》しなきゃ」とあせらなくて大《だい》丈《じょう》夫《ぶ》

挑《ちょう》戦《せん》している友だちの話を、参《さん》考《こう》にしてみよう

138ページで、夢《ゆめ》や目標《もくひょう》に向かってがんばる人と自分をくらべて、あせってしまっているかもしれないという話をしました。このケースと同じように、あなたの周《まわ》りにいる人たちが、なにか新しいことにチャレンジしていて、「自分もなにかしなきゃヤバイ」と感じてしまってはいないでしょうか。

夢《ゆめ》や目標《もくひょう》と同じように、**チャレンジしてみたい新しいことは、考えたからといって、すぐ出てくるものではありません。**あわてず、**「自分は何が**

したいんだろう」という気持ちと冷静《れいせい》に向き合って、日々を過《す》ごしてみましょう。そのうち「ビビッ」と感じるものと出合えるでしょう。

友だちの挑戦《ちょうせん》が気になるのでしたら、挑戦《ちょうせん》していることについて、その友だちに聞いてみてはどうでしょう。新しいこと探《さが》しのヒントになったり、話を聞いているうちに、自分もそれに興味《きょうみ》がわいて、やってみようという気持ちになったりするかもしれません。

体やこころがつかれていると意欲《いよく》や興味《きょうみ》がわかない

どんなことにも挑戦《ちょうせん》する意欲《いよく》がわかず、関心《かんしん》をもてないようでしたら、もしかすると体につかれがたまっているのかもしれません。そして、そのつかれは、確実《かくじつ》にあなたのこころに作用します。

学校の授業《じゅぎょう》や宿題、部活、友だちとの関係《かんけい》だけでも、体やこころはつかれてくるものです。そんな状態《じょうたい》では、どんなことに対してもなかなか興味《きょうみ》がわかなくなってしまいます。「自分はなににも挑戦《ちょうせん》できない」と悲しまなくても大丈夫《だいじょうぶ》。いまはゆっくりと休んで、体とこころを整えましょう。

つかれているときは、**しっかりと睡眠《すいみん》時間をとって、翌朝《よくあさ》は日光をきちんと浴《あ》びる**ようにしましょう。朝の日差《ひざ》しには、脳《のう》のなかにある「セロトニン」という物質《ぶっしつ》を増《ふ》やす力があります。**セロトニンは「幸せホルモン」と呼《よ》ばれ、あなたのこころを安定させる**作用があります。たっぷり休んで体とこころが整ったら、少しずつ意欲的《いよくてき》な気持ちがわいてくることでしょう。そうした状態《じょうたい》になるまでは、あわてる必要《ひつよう》はありません。

いまの気持ち 6

「なりたい自分」を実現《じつげん》させたい！

どうしていまの自分とはちがう自分になりたいの？

ネガティブな自分のことを好《す》きになれなくて……

「こうなりたい！」っていうあこがれの人がいるの！

自分の性格《せいかく》や特性《とくせい》で好《す》きじゃない部分を見つけたら、「こんな自分はイヤ！　もっとこうなりたい」と感じることがありますよね。それはもしかすると、よりよいあなたを形づくる、成長《せいちょう》のきざしかもしれません。

また、「こんな人《ひと》になりたい」と特定《とくてい》のだれかを思いうかべることもあります。それは現実《げんじつ》の人、マンガやアニメの登場人物などさまざま。その人の言動、あるいは体型《たいけい》やファッションといった見た目もふくめ、自分とはちがう一面にあこがれているのでしょう。

理想の自分になるために、まずは**「自分のよいところ」と向き合ってみる**ことをおすすめします。次のページからは、あなたの「なりたい」についていっしょに考えてみましょう。

こころケア 6-1 164ページ　6-2 166ページ　6-3 168ページ

自分の
意見が
言える
いつも
ニコニコ
人見知り
なく
しゃべる

こころケア

6-1 「いまの自分もいいよね」からスタートしよう

いまの自分＋理想の自分を目指そう

「こうなりたい」という理想像《りそうぞう》がある人は、その半面、自分自身をあまり受け入れていないように感じられます。「自分の明るく元気な部分は好《す》きだけど、もっと冷静《れいせい》に考えられるようにもなりたい」というように、いまの自分のよさを大切にしつつ、あこがれる自分にもなれるのが理想です。全然《ぜんぜん》**自分のいいところが思いうかばないという人は、自分を見つめ直すきっかけにしてみましょう。**

「こうなりたい」を実現《じつげん》させようと急いだり、「こういう人を目指そう」と思いすぎてムリしたりすると、せっかくあなたがこれまで身につけてきたよさを捨《す》ててしまうことになります。それはとてももったいないことです。もしかしたら、あなたが大切にしている人を悲しませたり、困《こま》らせたりしてしまうかもしれません。

呼吸《こきゅう》でこころと体を整え気づく力をアップさせる

いまの自分にポジティブになれない人は、だれかに性格《せいかく》や特性《とくせい》を悪くいわれた経験《けいけん》があるのではないでしょうか。もしくはひどい失敗《しっぱい》をした経験《けいけん》が、自分は気づいていなくても、ずっとこころに残《のこ》っているのかもしれません。

このように、過去《かこ》にあったイヤな経験《けいけん》にとらわれてしまう、それがきっかけで、「早く自分を変《か》えたい！」と理想の自分になった未来《みらい》にばかり目が向いている人は、気持ちがいまに定まっていないのかもしれません。

じつは人間の思考《しこう》は、ひとつのことに集中するのが苦手です。ついつい終わったはずの過去《かこ》や、決まっていないことだらけの未来《みらい》に目を向けてしまいます。そうした気持ちにとらわれないよう、マインドフルネスでこころと体の感覚《かんかく》を整えましょう（くわしくは37ページ）。3分間目を閉《と》じ、なにもせず、呼吸《こきゅう》だけに集中して、いま自分が「ここにいる」という状況《じょうきょう》をつくってみましょう。

こころと体が整うと、あなたの気づく力が強くなっていきます。呼吸《こきゅう》を意識《いしき》している自分への気づき、なかなか集中できていない自分への気づき、少しずつ集中が深くなっていく自分への気づき……この方法《ほうほう》を**くり返し行っていくうちに、「いま」のあなたのよさに気づける**でしょう。

こころケア 6-2

あせる気持ちをおさえ時間をかけて変《か》わっていこう

ふつうのとき
ストレスをうけると…
くずれるもんか〜
ムリなくバランスがとれている
バランスをとろうとがんばる

急に変《か》わろうとするともとにもどろうとする!?

なりたい自分を実現《じつげん》するために、すでにいろいろ試《ため》したり、周《まわ》りに相談したりしている人もいるでしょう。それでも、なかなか変化《へんか》が感じられず、あせってしまうこともあるかと思います。

人はいきなり大きく変《か》わることはできません。これは「ホメオスタシス（恒常性《こうじょうせい》）」という機能《きのう》が、人の体に備《そな》わっているからです。

ホメオスタシスとは、急激《きゅうげき》な変化《へんか》が起こったときに、もとの自分にもどろうとする仕組みのことで、気温の変化《へんか》と体の反応《はんのう》をイメージするとわかりやすいかもしれません。たとえば、暑くなると体から自然《しぜん》と汗《あせ》が出てきて、上昇《じょうしょう》した体温を下げようとします。反対に寒くなってくると、体温を上げるためにブルブルとふるえてくるのです。こうして体が反応《はんのう》することによって、気温が変化《へんか》しても体温が一定に保《たも》たれるのです。

これと同じような現象《げんしょう》が、性格《せいかく》やその人の特性《とくせい》、こころのクセといった内面的《ないめんてき》な部分でも起きています。内面的《ないめんてき》な部分も急激《きゅうげき》に変化《へんか》すると、その反動でもとの自分にもどろうとする働《はたら》きが生まれてきます。「なりたい自分」になかなかなれないことを、自分の努力不足《どりょくぶそく》や弱さのせいだと思わなくても大丈夫《だいじょうぶ》です。これはあくまで人間の仕組みですので、時間をかけて少しずつなりたい自分に近づいていきましょう。

自分の変化《へんか》を見える形で記録《きろく》しておこう

変化《へんか》には時間が必要《ひつよう》です。ですが、「早く変《か》わりたい」と思う人からすれば、変化《へんか》のための時間は「きつい」「あきらめようかな」と感じるかもしれませんね。

そうなってしまわないように、**日々の小さな変《へん》化《か》に目を向けて、昨日《きのう》の自分となにが変《か》わったのか、ノートに書き出す**などして記録《きろく》することをおすすめします。小さくても、自分の変化《へんか》が目に見える形にできれば、それを見て安心することができますよね。

ノートを見て**なりたい自分に近づいていると実感できれば、変化《へんか》のための努力《どりょく》も楽しくなる**ことでしょう。そして、なりたい自分になったあなたがその記録《きろく》を読み返したとき、新しい目標《もくひょう》に向かう原動力になるのです。

こころケア

6-3

身につけよう変化《へんか》をこわがらない勇気《ゆうき》を

まずは「なりたい人」のマネから始めよう

たとえば、「ポジティブになりたい」と思う人は多いかもしれません。いつも笑顔《えがお》で、やさしくて、ハキハキした声で自分の気持ちを言葉にできる人。そういう人になりたいなら、**あこがれているその人の話し方や行動を、実際《じっさい》にマネしてみましょう。** その人が笑顔《えがお》であいさつしているのなら、あなたも同じようにだれかにあいさつしてみる、だれにでも話しかけているのなら、あなたも同じようにだれにでも話しかけてみるのです。

慣《な》れていないと、あいさつすらとてつもなくハードルが高いと感じる人もいるでしょう。「どんな声のボリュームであいさつをすればいいの？」「ムシされたらどうしよう」「周《まわ》りからキャラがちがうと笑《わら》われるかも」と心配はつきません。しかし、変化《へんか》するということは、これまで安全に過《す》ごしていた自分からはなれるということなので、不《ふ》安《あん》や心配になるのも当然《とうぜん》なのです。

失敗《しっぱい》しても行動した自分はえらいと言い聞かせる

なりたい自分を実現《じつげん》するためには、不安《ふあん》や心配、恐《おそ》れなどの痛《いた》みを受け入れる「勇気《ゆうき》」が必要《ひつよう》です。こうした勇気《ゆうき》は、どうすれば身につくのでしょうか。ヒントは、「まず行動する」ということにあります。

人は考えれば考えるほど、行動することに対してハードルが高くなっていきます。つまり、考えるよりも先に行動してしまうほうが、ハードルが低《ひく》いのです。だからより早く、なりたい自分に近づけるということです。

「考えるよりも先に行動する」と簡単《かんたん》にいっても、これが一番大変《たいへん》で、勇気《ゆうき》がいりますよね。その行動が成功《せいこう》に結《むす》びつけば、それは大きな成果《せいか》になります。でも、もし失敗《しっぱい》したとしたら……？　そう考えると不安《ふあん》になってあとずさりしそうになりますよね。「失敗《しっぱい》したとしても、まず行動した自分がえらいんだ」と自分に言い聞かせましょう。そうすれば、**成長《せいちょう》のための痛《いた》みも受け入れ、勇気《ゆうき》もわいてくる**のです。

質《しつ》のいい睡眠《すいみん》は こころの回復力《かいふくりょく》を高める!

生きていくうえで、睡眠《すいみん》はなくてはならないものです。ぐっすりねむれていると、エネルギーが補給《ほきゅう》され、集中力や記憶力《きおくりょく》の向上につながるなど、体や脳《のう》を育てます。そして、こころを休め、回復《かいふく》させる役割《やくわり》もあるため、「よい睡眠《すいみん》」をとると、こころにも体にもよい影響《えいきょう》をあたえるのです。

よい睡眠《すいみん》をとるためには、まず、ねる場所を整えることから始めましょう。モノを散《ち》らかさず、リラックスできる環境《かんきょう》をつくります。また、毎日だいたい同じ時間にねる、起きるというリズムをつくることも大切です。

そのほか、パソコンやスマホなど、ブルーライトを発する電子機器《でんしきき》はねる前にさわらない、夕食はねる3時間前までにすませる、ストレッチなどで体の緊張《きんちょう》をゆるめるなども効果的《こうかてき》です。自分に合った方法《ほうほう》を探《さが》してみましょう。

参考文献《さんこうぶんけん》

- ジュリー・スミス 著、野中香方子 訳『一番大切なのに誰も教えてくれない　メンタルマネジメント大全』河出書房新社
- 増田史 著『しんどい時の自分の守り方』ナツメ社
- アリス・ジェームズ、ルーイ・ストウェル 著、西川知佐 訳『自分のこころとうまく付き合う方法』東京書籍
- 内田和俊 著『10代の「めんどい」が楽になる本』KADOKAWA
- 小野善郎 著『思春期を生きる　高校生、迷っていい、悩んでいい、不安でいい』福村出版
- 水島広子 著『10代のうちに知っておきたい　折れない心の作り方』紀伊國屋書店
- 井上祐紀 著『10代から身につけたい　ギリギリな自分を助ける方法』KADOKAWA
- 中島輝 著『自信スイッチ　10歳からはじめるポジティブ習慣39』インプレス
- 加藤総夫 監修・解説『なぜからはじまる　体の科学「感じる・考える」編』保育社
- 市川宏伸 監修『小・中学生の「心の病気」事典』PHP研究所
- 藤田和也 著『からだと心のふしぎシリーズ第3巻　心とつながっているからだ』アリス館
- 菱田準子 著『すぐ始められる！　ワークシートでポジティブ心理学&レジリエンス教育——幸せづくり・折れない心24の処方箋』ほんの森出版
- 新井平伊 監修『すばらしいいのち 3　こころのつくられかた』河出書房新社
- ドーン・ヒューブナー 著、上田勢子 訳『イラスト版 子どもの認知行動療法3　だいじょうぶ　自分でできるこだわり頭[強迫性障害]のほぐし方ワークブック』明石書店
- ドーン・ヒューブナー 著、上田勢子 訳『イラスト版 子どもの認知行動療法6　だいじょうぶ　自分でできる悪いくせのカギのはずし方ワークブック』明石書店
- クレア・A・B・フリーランド、ジャクリーン・B・トーナー 著、上田勢子 訳『イラスト版 子どもの認知行動療法8　だいじょうぶ　自分でできる失敗の乗りこえ方ワークブック』明石書店
- 文部科学省HP
- 厚生労働省HP
- 法務省HP

さくいん

こころSOS《エスオーエス》ホットライン

どうしようもなくつらいのに、友だちや家族には相談できない……そんなとき、あなたの相談に乗ってくれる窓口《まどぐち》を紹介《しょうかい》します。だれかに話すだけで気持ちが楽になることもあるので、どうしても困《こま》ったときに使ってみてください。

#いのちSOS《エスオーエス》

「消えたい」「生きることがつらい」と感じている人のための相談窓口《まどぐち》。チャットでの相談も受けつけている。

0120-061-338

よりそいホットライン

だれでも利用《りよう》できるなやみ相談窓口《まどぐち》。FAX《ファックス》やチャット、SNS《エスエヌエス》でも相談に対応《たいおう》している。

0120-279-338

(岩手・宮城・福島県からは0120-279-226)

こころの健康相談統一《けんこうそうだんとういつ》ダイヤル

つらい気持ちをかかえる人の相談に応《おう》じてくれる全国共通《きょうつう》の電話番号。

0570-064-556

24時間子供《こども》SOS《エスオーエス》ダイヤル

いじめやその他の問題に関《かん》する子どもからのSOS《エスオーエス》に、夜間・休日をふくめ24時間対応《たいおう》している。

0120-0-78310

チャイルドライン

18歳《さい》までの子どものための相談窓口《まどぐち》。毎日16~21時の間で対応《たいおう》している。チャットでの相談もできる。

0120-99-7777

https://childline.or.jp/

子どもの人権《じんけん》110番

いじめや暴力《ぼうりょく》、インターネット上のトラブルなど、だれにも言えないなやみを聞いてくれる窓口《まどぐち》。平日の8時30分~17時15分の間で対応《たいおう》している。

0120-007-110

あなたのいばしょ

なやみや問題をかかえている人ならだれでも無料《むりょう》・匿名《とくめい》で使える24時間365日、チャット相談を受けつけている。

https://ibasyo.channel.io/home

BOND《ボンド》プロジェクト

生きづらさをかかえる10~20代の女の子のための相談窓口《まどぐち》。メールやLINE《ライン》での相談も受けつけている。

https://bondproject.jp/

080-9501-5220

(月曜日と土曜日の18~21時)

070-6648-8318(水曜日と日曜日の14~19時)

番号や受付時間は、2024年2月現在のものです。ホームページなどでご確認ください。

おわりに

最後《さいご》までお読みいただき、ありがとうございました。いかがだったでしょうか？「こころケア」を使って、自分で自分の問題に対《たい》処《しょ》できると思えると、すごく勇気《ゆうき》がわいてきませんか？

みなさんに覚《おぼ》えておいていただきたいのは、1回チャレンジして失敗《しっぱい》しても、あなたがダメなのではないということです。「こころケア」はひとつの実験《じっけん》。うまくいかなかったとしても、あなたがダメなわけではなく、やり方が少しちがったのかもしれないし、やるタイミングがちがったのかもしれない、別《べつ》のページのやり方を試《ため》してみようと思ってくれたらうれしいです。

このとき、「ここでこうしたのがまずかったのかな」ということを紙やノートなどに書き出し、次はどうすればいいか、作戦《さくせん》を立ててみましょう。うまくいかなかったら次、また次……と何回か試《ため》してみて、どうしてうまくいかなかったのかを観察《かんさつ》してみてください。そして、やり方や使うタイミングをちょっと変《か》えてみたり、別《べつ》のやり方を試《ため》したり、自分なりにくふうして使ってみるのもいいですね。

また、書き出すことで自分の気持ちが整理できますし、そのときの状況《じょうきょう》がわかるようになります。外側《そとがわ》から自分を見ることができるようになれば、もやもやは晴れ、毎日が楽しくなっていきます。

最近のアメリカの研究では、感謝《かんしゃ》することが、こころと体によい影響《えいきょう》をあたえることがわかってきました。ささやかなことでもよいので、「今日感謝《かんしゃ》したいこと」を毎日探《さが》してメモしておくと、ステキなあなたになれるかもしれません。

上智大学総合人間科学部心理学科教授
横山 恭子

監修

横山恭子

KYOKO YOKOYAMA

上智大学総合人間科学部心理学科教授。上智大学文学研究科を卒業。専門は臨床心理学。公認心理師、臨床心理士。小児医療の現場における臨床心理学の知の活用と発展を研究。また、より優れた臨床心理学の研究者と臨床家を育てるための教育のあり方について、試行錯誤している。この 20 年ほどは、とくに小児医療心理学の分野に携わり、すべての人がともに生きていくことのできる社会を目指すため、臨床活動を行っている。

もやもやすっきり！

10歳《さい》からのこころケア

2024 年 3 月 3 日　初版第 1 刷発行

監修 ／ 横山恭子
装丁イラスト ／ tsuno
本文イラスト ／ tsuno、コルシカ、kikii クリモト
装丁・本文デザイン ／ 藤塚尚子
DTP ／ 冨永恭章、JANE LAUREN（株式会社クリエイティブ・スイート）、大槻亜衣
校正 ／ 大畑幸子
執筆協力 ／ 長尾ようこ、山本奈穂、小倉康平
編集 ／ 川崎友里恵、吉田暖（株式会社クリエイティブ・スイート）

発行人 ／ 志村直人
発行所 ／ 株式会社くもん出版
〒 141-8488 東京都品川区東五反田 2-10-2 東五反田スクエア 11F
電話 ／ 03-6836-0301（代表）　03-6836-0317（編集）　03-6836-0305（営業）
https://www.kumonshuppan.com/
印刷所 ／ 三美印刷株式会社

本書の情報は、2024 年 2 月現在のものです。

NDC140・くもん出版・176 p ・21cm・2024 年

ISBN 978-4-7743-3560-5

CD 34659